AF595605

Escale en pays Tsigane

Sam Mary

Escale en pays Tsigane

LE LYS BLEU
ÉDITIONS

ISBN : 979-10-377-9888-6

Prologue

Qui dit « souvenirs » dit « instants vécus », et qu'on le veuille ou pas, à une période fragile de votre vie, ils surgissent comme une petite étincelle qui n'accepte pas l'oubli. Si les miens ont été enfouis jusqu'alors, ce n'est pas par omission mais juste par sagesse.

Chapitre I

Voilà, nous y sommes, je suis penchée sur le clavier de mon ordinateur et ils sont là à attendre que je les concrétise tout en leur étant le plus fidèle possible.

Pour cela, il me faut remonter en cette année 1989 où j'ai laissé derrière moi une vie des plus aisée tant sur le plan professionnel que privé. Je quittais un mari et un commerce en pleine expansion à l'appel de la liberté qui était plus fort que tout. À l'époque, malgré mon très jeune âge, j'étais propriétaire de bar. J'avais tout ce que pouvais désirer une jeune femme. Un mari idéal, une affaire en pleine expansion. Alors, me direz-vous, pourquoi avoir pris une telle décision ?

La raison de mon départ est plutôt un caprice d'enfant gâté. À cette période-là, j'avais 22 ans et une vie déjà toute tracée. Je côtoyais mon mari à longueur de journée pour notre vie professionnelle et privée. J'en viens vite à ne plus supporter d'être constamment avec lui sans oublier ce sentiment grandissant de passer à côté de ma vie : la vraie. Je décidai donc de partir. Tout recommencer à zéro, comme pour me prouver que j'étais capable de réussir seule…

J'optai alors pour la Camargue, plus par commodité que par choix réel. L'un de mes amis, installé dans cette région depuis quelques années déjà, m'avait proposé de m'héberger le temps de trouver un travail et un nouveau logement. C'était un cadre parfait pour toute personne désirant un nouveau départ dans la vie.

Le printemps pointait le bout de son nez et les propositions d'emplois dans la restauration ne manquaient pas, je restais donc optimiste à l'idée de trouver quelque chose au plus vite. Le seul bémol à tout ceci était le job de barmaid. Ayant été mon propre patron dans ce domaine, je me voyais mal travailler pour quelqu'un d'autre.

Cela faisait déjà plusieurs jours que je feuilletais les petites annonces sans grand succès, ce qui m'obligea à me rendre à l'évidence. Si je voulais de nouveau travailler au plus vite, ma seule option était de retourner derrière un comptoir ! Mais Olivier, l'ami qui m'hébergeait, m'évita ce désagrément. Il avait entendu dire, par une de ses connaissances, que sur Beauduc ils recherchaient au plus vite un cuisinier même non qualifié. Il m'expliqua que c'était un restaurant très en vogue tenu par un couple des plus atypiques. De plus, pendant la période estivale, chaque week-end, les soirées étaient animées par un groupe flamenco.

Étant partie pour décliner sa proposition, je me ravisai aussitôt. Il venait d'attiser ma curiosité en parlant de ce groupe. J'acceptai donc son offre tout en essayant d'en savoir un peu plus :

« À bien y réfléchir, à part opter pour un poste de serveuse ou de cuisinière, j'avoue que je n'ai pas vraiment le choix et je ne peux pas me permettre de faire la fine bouche ! »

Il acquiesça d'un air satisfait :

« Bien, je te donne le numéro. Appelle vers 18 h avant le service. Tu demandes à parler à la patronne et tu te présentes en venant de la part de Julien. Je t'assure que l'endroit où se trouve le restaurant vaut vraiment le détour. Je me ferai un plaisir de t'accompagner si tu dois te présenter. »

À bien y réfléchir, je ne risquais pas grand-chose et je conclus tout bonnement :

« Au pire des cas, si je ne suis pas retenue ça m'aura toujours permis de connaître un endroit sympa. »

« Comment t'expliquer ? ce n'est pas un endroit "sympa", non, c'est un lieu hors du temps. Lorsque tu as roulé des kilomètres durant sur la plage évitant des ornières ensablées et des trous d'eau qui changent d'endroit au fil des heures, tu crois voir un mirage en arrivant devant ce restaurant. Il est tout en bois planté, là au beau milieu de nulle part, sans rien d'autre que la mer à perte de vue, c'est grandiose ! »

Ces paroles attisèrent vraiment ma curiosité :

« Je vraiment hâte de voir ça. »

Dès le soir venu, je tentai donc ma chance. J'obtiens un rendez-vous pour le vendredi suivant. Ayant brièvement parlé de mon expérience professionnelle au téléphone, j'en vins à parler de ma réelle motivation à retravailler sans oublier de mentionner mon expérience professionnelle en tant que patronne. Ce qui permit, je l'avoue, une première approche assez positive même si j'appréhendais le jour où je devrais me présenter. Jusqu'à présent, c'était moi qui recevais les demandeurs d'emploi et non l'inverse !

Mais revenons-en plutôt à ce lieu hors du commun qui se trouve à quelques kilomètres d'Arles. Olivier n'avait pas exagéré en me le décrivant. Je restais pantoise devant le paysage qui ne tarda pas à s'offrir à nous. Quittant la nationale par un petit sentier sur notre gauche, nous nous retrouvâmes sur une plage sans fin au décor lunaire. Au fur et à mesure que nous nous aventurions sur cette voie, je vins à me poser la question à savoir s'il ne s'était pas trompé de chemin ?

« Dis-moi, Olivier, tu es bien certain de connaître le chemin ? C'est le désert à perte de vue ! »

Il tourna son visage vers moi et, d'un air rassurant, il me dit :

« Je te l'avais bien dit, on a du mal à imaginer qu'il puisse y avoir autre chose que de l'eau et du sable ici. Mais je t'assure que c'est bien par-là, encore un peu de patience… »

J'étais vraiment sceptique. Comment un commerce pouvait exister dans un endroit pareil sans eau ni électricité ? Mais je n'eus pas le temps d'y réfléchir bien longtemps, mon regard fut attiré par un spectacle hors du commun se déroulant là, juste sous nos yeux, pour notre plus grand bonheur. À peu près à 150 mètres de nous galopaient des chevaux sauvages. Dérangés par notre arrivée, ils bifurquèrent de leur trajectoire et repartirent à vive allure en sens inverse. Ils étaient magnifiques, en pleine liberté, provoquant pour notre plus grande joie l'envolée de flamants roses dérangés par ce remue-ménage !

« C'est incroyable ! nous ne sommes qu'à quelques kilomètres d'Arles et en peu de temps nous nous retrouvons là, au beau milieu du parc national de Camargue ! »

« C'est pour cette raison, entre autres, que ce lieu est devenu l'un des plus en vogue chez les artistes, la haute société, c'est un endroit où il faut se montrer pendant la période touristique. Tu verras, plus loin il y a des cabanons de pêcheurs de tellines et ceux de quelques arlésiens qui viennent passer ici la période estivale. Mais il n'y a que très peu de familles qui y vivent à l'année. »

« Sincèrement, j'espère que je vais décrocher le poste car je suis vraiment curieuse de voir comment on peut travailler ou même vivre dans un endroit pareil. »

Et tout en me faisant signe de regarder sur ma droite il me dit :

« Eh bien tu vas bientôt le savoir, on arrive… »

C'était irréel. Au beau milieu de nulle part se trouvait une construction moitié cabanon moitié chalet. Tout autour, disposé en forme de L, un grand mobile home et deux autres caravanes trônaient en plein milieu, semblant protéger ce lieu complètement improbable. Nous nous arrêtâmes là devant l'entrée principale près de quelques voitures.

Nous venions d'arriver « Chez Marc et Mireille. »

Ma curiosité était à son paroxysme ! j'avais hâte de découvrir à quoi pouvait bien ressembler l'intérieur de cet endroit si atypique !

Tout d'abord, ce qui me frappa le plus une fois le seuil franchi fût cette sensation de bien-être qui vous enveloppe, invitant le voyageur à faire escale dans ce lieu en oubliant toute vie extérieure.

Lorsque je vis la patronne s'approcher pour m'accueillir, mes craintes s'envolèrent d'un coup. C'était un petit bout de femme joviale au sourire bon enfant qui savait vous mettre à l'aise. Nous nous installâmes à l'écart de la grande salle principale. Une fois installée, mon entretien d'embauche, après quelques renseignements glanés, fut vite accès sur mes possibles disponibilités à venir travailler et dans quelles conditions !

À la fin de celui-ci, je tentais le tout pour le tout :

« Est-ce que vous pensez que je puisse décrocher le poste ? »

Elle leva son visage vers moi cherchant mon regard et me dit d'un ton amusé :

« Si vous acceptez d'être logée dans une caravane le temps de votre contrat, je pense que cela peut s'envisager. »

Ne m'attendant pas à une réponse aussi franche et rapide, je ne pus m'empêcher de lui poser cette dernière question :

« Mais vous n'avez pas d'autres entretiens d'embauche ? »

« Disons que je fonctionne principalement à l'instinct et je pense qu'il penche en votre faveur. Êtes-vous prêtes à commencer dès ce lundi ?

« Il n'y a aucun problème. Si vous me permettez d'emporter dès ce week-end mes affaires dans mon nouveau logement, ce sera avec grand plaisir. »

Elle se leva pour mettre fin à notre entretien et d'un air satisfait, tout en me tendant la main, me dit :

« Affaire conclue. Voulez-vous boire quelque chose ? »

« Un café, volontiers. »

« Parfait. Pendant ce temps, je vais en profiter pour aller chercher les clefs. Autant que je vous les donne dès à présent, comme cela vous pourrez vous installer au plus vite. »

L'affaire était conclue. Je franchis la porte avec soulagement, comme si je venais de décrocher le contrat du siècle ! Je m'aventurerais alors sur cette plage, cherchant du regard aux alentours une silhouette pouvant ressembler à Olivier. J'avais du mal à fixer mon regard tant la luminosité était intense, voire métallique. Vraiment, rien ne ressemblait à cet endroit si étrange, même les couleurs en étaient irréelles. Le temps était comme suspendu là au bout du monde ! Il me semblait alors que rien ni personne ne pouvait déranger le calme de cette nature majestueuse. Ne le voyant toujours pas, j'ai poursuivi mon chemin un peu plus loin, cherchant les cabanons dont il m'avait parlé. Mais c'était peine perdue, mon regard avait beau essayer de fixer un semblant d'horizon, il était aussitôt stoppé par des dunes et des roseaux courbées par les embruns. Je m'arrêtais là, respirant à plein poumon ces odeurs iodées mélangées à celles très reconnaissables des marais salins qui arrivaient des terres.

J'étais en train de me demander si j'allais ou non continuer dans cette direction lorsque je vis au loin une silhouette gesticuler, me faisant signe d'avancer. Une fois arrivée à sa hauteur, je l'entendis soupirer de satisfaction en me disant :

« Regarde, on pourrait marcher comme cela des heures durant. C'est encore un des rares endroits où la nature est le seul maître des lieux. Rien ni personne ne peut perturber cet endroit ! Mais revenons-en à toi, j'espère que tu as une bonne nouvelle à m'annoncer. »

D'une moue enfantine, je m'empressais de lui répondre :

« Une bonne et une mauvaise. »

« Ah bon, alors commençons par la bonne, on verra ensuite pour la mauvaise. »

« La bonne c'est que j'ai décroché le poste et la mauvaise c'est qu'il va falloir que je mette la main au portefeuille pour fêter ça ! »

Tout en me soulevant de terre il lâcha un « HIP HIP HIP HOURRA », me fit virevolter sur lui-même et, après un éclat de rire, enchaîna :

« Ah je ne vois pas comment tu pourrais faire autrement. Je suis vraiment content pour toi. »

Mais il se rembrunit aussitôt en me reposant à terre :

« Cependant, il y a un petit souci. Je t'assure qu'après les services du soir, surtout le week-end, ça ne va pas être facile de prendre le chemin du retour jusqu'à la maison. »

« Eh bien tu vois, même cela, elle y a pensé. Elle m'a proposé la caravane du fond, le temps que je travaille ici ! »

« Franchement, tu ne pouvais pas espérer mieux. »

« Je me fais quand même un peu de soucis. Il paraît que pendant la saison touristique, il y a un sacré turn-over en cuisine. Le fait que la cuisine ne soit pas ma spécialité n'a pas eu cependant l'air de la perturber. Jusqu'à la fin du mois, nous serons 2 derrière les fourneaux, jusqu'à ce que je sache me débrouiller seule car le cuisinier ne part qu'à la fin du mois. En fait, à bien y réfléchir, il ne me reste que 3 petites semaines pour faire mes preuves. »

Voyant mon inquiétude se dessiner sur mon visage, il s'empressa de me rassurer :

« Je ne me fais aucun souci pour toi, vu comme tu gérais ton bar et tout le reste, ce ne sera qu'un jeu d'enfant pour toi. »

J'étais vraiment surprise de son raisonnement et j'en profitais pour lui rafraîchir la mémoire !

« Tu plaisantes j'espère ? Ne compare pas la brasserie et la restauration ! Tu sais très bien que le cuistot à la maison ce n'était pas moi, mais Michel. En tout cas, je ferai de mon mieux. Je suis trop curieuse de voir comment ce commerce peut fonctionner mais je t'avoue que je suis encore plus impatiente de voir ces joueurs de flamenco. Depuis le temps que j'entends parler de ce folklore, j'ai hâte de voir tout ça ! »

Je ne pus m'empêcher de passer le reste du week-end à me questionner sur le fait de savoir si j'avais pris la bonne décision de me replonger dans ce milieu et s'il n'aurait pas mieux valu que je change radicalement d'orientation.

Mais en y réfléchissant bien, il y avait urgence à retravailler et pour l'heure, si je voulais gagner un salaire, je n'avais pas le temps de me former à quoique ce soit d'autre.

Lorsque je revins pour aménager mon nouveau chez moi, mes inquiétudes se dissipèrent aussi vite qu'elles étaient venues. Le calme qui régnait ici apaisait la moindre tension en quelques secondes comme si vous franchissiez le seuil d'une autre dimension ! J'avais même des difficultés à imaginer qu'il pouvait se trouver en ce lieu autant de touristes en périodes estivales !

Je pris la décision de « prendre mes quartiers » dès le dimanche soir, préférant être sur place pour le lundi matin.

Chapitre II

La semaine tirait à sa fin et pour une apprentie cuisinière, je ne m'en étais pas si mal tirée. Cependant j'avais l'impression d'être déconnectée du monde extérieur comme si j'effectuais une retraite spirituelle. Mes journées étaient rythmées entre les services du midi et ceux du soir tout en essayant d'emmagasiner un maximum de conseils du chef cuisinier. Nous étions vendredi et ce soir-là j'avais la tête ailleurs. J'épiais la porte d'entrée toutes les 30 secondes attendant avec impatience le groupe flamenco qui devait animer la soirée « Los Rumberos. »

Lorsque l'on parle de groupe flamenco, le stéréotype des garçons basanés aux cheveux noirs et au regard de braise nous vient spontanément en tête et cette fois-ci cela n'échappa pas à la règle.

La porte s'ouvrit sur un jeune homme grand au sourire franc qui lança un :

« Salut, la compagnie, on arrive ! »

Le deuxième qui suivait rigolait de sa boutade. Il était plus petit et beaucoup plus typé que le premier. Des cheveux mi-longs noirs encadraient un visage fin aux yeux marron et espiègles qui lui donnait cet air « indomptable ». Tout en lui représentait « le gitan » comme on peut se l'imaginer. Il était séduisant avec sa guitare flanquée sur l'épaule, la tête haute portant la fierté de ses origines. Ce soir-là ils n'étaient que tous les 2, le groupe au complet comportaient 5 joueurs mais la salle de restaurant n'étant pas très grande, le groupe dans sa totalité aurait était de trop.

La patronne vint les accueillir. Je me pressais alors de retourner derrière mes fourneaux ayant hâte de finir de préparer les repas pour les approcher de plus près sachant qu'ils les partageraient avec nous avant le service du soir. Pourtant à l'inverse de ce que je m'étais imaginé, notre première rencontre fut on ne peut plus brève et des plus banales…

Ce soir-là toutes les tables de la grande salle étaient au complet. Cependant ma première soirée flamenco fut à la hauteur de mes espérances c'est le moins que l'on puisse en dire !

Dès la première chanson, les clients s'enflammèrent en reprenant un des titres les plus en vogue à l'époque « banbolero ». Le chanteur était celui qui avait le regard de braise et une voix de velours roulant les « r » comme eux seuls savent le faire. Quelques heures plus tard, ayant terminé mon service, je viens m'installer au bar pour profiter du spectacle. De cet endroit, je supervisais l'ensemble de la salle à manger. Le rythme effréné des guitares avait mis en transe la plupart des clients qui reprirent à tue-tête les refrains endiablés.

Je ne sais toujours pas si ce fut l'originalité de la situation ou la découverte de cet art qu'est celui du flamenco mais plus je regardais le chanteur et plus j'étais comme hypnotisée. Leurs voix et le son de leurs guitares étaient envoûtants. Mal à l'aise de ce ressenti, je décidais de passer derrière le bar afin d'aider le barman, espérant échapper à cette sensation grisante. Cela ne m'empêcha pas toutefois de profiter pleinement de cette soirée haute en couleur !

Le service touchait à sa fin. Il ne restait plus que quelques tables occupées, la plupart des clients étaient partis. Je levais la tête sur la pendule qui trônait au-dessus de la machine à café, elle affichait 1 heure du matin ! Je cherchais alors la patronne du regard. Elle finissait de desservir les tables et fit signe aux joueurs qu'ils pouvaient finir sur une dernière chanson…

Une fois que la porte d'entrée se referma sur les derniers clients, ils rangèrent leurs guitares dans leurs fourreaux et vinrent prendre un dernier verre au bar. Derrière les étagères où étaient empilés les verres, il y avait un grand miroir qui donnait sur le couloir et l'entrée de la salle de restauration. Chaque fois que je me retournais pour les ranger je voyais bien que Marius le plus petit des deux n'arrêtait pas de poser son regard sur moi… Je mettais ça sur le compte qu'étant la petite nouvelle je devais attiser sa curiosité.

Mon service touchait à sa fin et j'avais qu'une hâte : rentrer ! Je vins leur dire bonsoir.

Aussitôt, celui qui se prénommait Marius engagea la discussion avec moi comme s'il me connaissait depuis toujours :

« Tu nous fausses déjà compagnie ? C'est la première fois que je te vois et nous n'avons pas eu le temps de faire connaissance. »

Ce soir-là le service avait été particulièrement intense et je n'avais aucune envie de prolonger cette discussion. Je lui répondis d'un air à peine agacé, essayant toutefois de ne pas être trop désagréable.

« Nous aurons tout le temps de nous revoir pour l'instant mon lit m'appelle… »

Il n'insista pas et regardant son compagnon de route avec complicité il me dit :

« Alors bonne nuit Bella fais de beaux rêves et à demain soir. J'espère que nous pourrons faire plus amples connaissances ? »

Il me draguait ou ce n'était que mon imagination ? Cela eu quand même le mérite de me faire sourire.

Le lendemain, je me surpris à attendre avec impatience que la nuit pointe de nouveau le bout de son nez. Malgré le sans-gêne de Marius, j'avais hâte de retrouver leur compagnie !

Il devait être aux alentours de minuit et demi lorsque nous nous retrouvions tous ensemble autour d'un dernier verre. Bégot, celui que j'avais vu en premier pour la première fois était vraiment un boute-en-train imitant à longueur de temps les uns et les autres. Il aurait pu faire le « show » dans la catégorie humoriste sans envier les plus grands dans ce domaine. Marius à l'inverse était toujours plus en retrait, profitant de ces moments de détente. En les regardant côte à côte je ne pouvais m'empêcher de me poser un tas de questions. Je me demandais à quoi pouvait ressembler leur vie ? Vivaient-ils en caravane ? Jouaient-ils ensemble depuis longtemps malgré la complicité évidente qu'il y avait entre eux ? Étaient-ils mariés ? Avaient-ils des enfants ?

Leur vie me semblait si différente de la nôtre que j'étais vraiment curieuse d'en apprendre plus !

J'avais la tête dans mes pensées lorsque la voix de Marius me fit revenir à la réalité. Il avait un fort accent catalan et parlait très vite. Ce n'était pas toujours évident de le comprendre : Et Bella ! tu es avec nous ? Ça n'a pas l'air ? Bégot t'a posé une question mais tu as l'air perdu dans tes pensées !

Il avait raison j'étais tellement absorbée par celles-ci que je n'avais absolument rien entendu !

« Excuse-moi, Bégot, j'étais ailleurs tu disais… »

« Alors, Mademoiselle, j'étais en train de te demander si tu comptais rester chez Marc et Mireille pour la saison ?

« C'est envisageable si je fais l'affaire je suis à l'essai 1 mois et après vogue la galère on aura tout le temps de voir ! »

Tout en répondant à sa question je vis que celle-ci avait capté tout l'intérêt de Marius, il eut alors un petit hochement de tête et ajouta :

« Tu loges ici ou tu rentres en ville chaque soir ? Car je n'ai pas entendu de voiture partir hier soir lorsque tu nous as quittés. »

Bonne déduction, pensais-je et pourquoi cet intérêt si soudain ? Je pris le temps de le regarder attentivement comme si je n'avais pas l'intention de répondre à sa question. Et après un laps de temps qui me parut raisonnable, je lui répondis :

« Tu as vu juste, je ne suis pas allée bien loin lorsque je vous ai quitté : juste dans la caravane du fond derrière le restaurant. »

Son visage se fendit d'un grand sourire comme s'il était satisfait par ma réponse.

« Parfait ! C'est beaucoup mieux ainsi car je t'assure qu'à chaque fois qu'il faut repartir d'ici c'est pire que le parcours du combattant ! ça va que nous connaissons cet endroit depuis toujours mais ils nous arrivent encore de nous laisser surprendre par les chemins de sable ».

Bégot ne manqua pas l'occasion pour surenchérir :

« Dis plutôt que lorsqu'on a plus de difficulté à rentrer c'est à cause du nombre de whiskys que l'on a bus. C'est pas vrai ? »

« Tu n'as pas tort j'avoue que ça n'aide pas ! »

Ce qui déclencha un fou rire collectif. Nous restions là encore un moment au coin du bar jusqu'à que la patronne nous donne congé.

Le lendemain je passais mon jour de repos à aménager mon « petit chez moi ». Il devait se faire tard, je regardais quelle heure il pouvait bien être. Tout ici semblait hors du temps et cette luminosité n'arrangeait pas ce phénomène intemporel. Elle oscillait invariablement d'un gris bleuté à une couleur bleue électrique donnant l'impression que le temps était suspendu, que les heures n'existaient plus.

Cette deuxième semaine s'achevait et je me sentais beaucoup plus à l'aise derrière les fourneaux. Un automatisme s'était installé pour les menus principaux qui revenaient à la commande régulièrement, ce qui me donnait un gain de temps pour peaufiner le reste des spécialités à la carte. Entre-temps, j'avais sympathisé avec une des serveuses, Mathilde qui avait à peu près mon âge. Bien que nos parcours de vie soient différents, ils n'en étaient pas moins tout aussi cahoteux. Nous nous retrouvions là dans ce restaurant avec le même objectif : essayer de nous reconstruire loin de tout.

Nous étions vendredi et ce jour-là mon impatience de voir de nouveau la nuit arrivée était aussi grande que celle de la semaine précédente. J'étais heureuse de retrouver Marius et Bégot. Ils étaient avec Olivier mon seul lien avec le monde extérieur. Mais ce soir-là, quelle ne fut pas ma surprise de les voir arriver non pas à 2 mais 3. À mon grand étonnement, ce n'était pas un homme qui les accompagnait mais une jeune fille dont la beauté était à couper le souffle. Tout en elle inspirait cette grâce sauvage que l'on ose à peine regarder de peur qu'elle ne s'échappe croyant alors à un mirage ! De grands cheveux bruns lâchés descendaient en cascade jusqu'au creux de ses reins. Un soupçon de mascara relevait son regard de braise dont on avait du mal à se détacher. Elle était jeune et avait une ressemblance certaine avec Marius. Était-ce sa sœur ou quelqu'un de sa famille et que venait-elle faire là ce soir ?

Je m'activais derrière mes fourneaux avec enthousiasme, impatiente de voir la suite des événements. De la main ils me firent un petit signe pour me dire bonjour et se pressèrent vers la scène qui leur était réservée au fond de la grande salle. J'étais perdue dans mes pensées lorsque soudain j'entendis un tonnerre d'applaudissements alors qu'ils venaient à peine d'entamer leur première chanson. Que se passait-il donc pour susciter un tel engouement ? Je me dépêchais d'envoyer les plats par le passe afin de satisfaire ma curiosité. Toute la salle avait les yeux rivés sur ce petit bout de femme qui dansait sur la scène faisant onduler ses bras et ses hanches au rythme saccadé des coups-passes des guitares. Comment pouvait-on être aussi joliment possédée par ce flamenco qui même si vous ne savez pas danser vous invite à la fête et au partage ? Je compris alors pourquoi cet art était aussi convoité. À l'évidence il ne s'apprenait pas mais il coulait dans les veines de ce peuple depuis la nuit des temps... Le restaurant s'était improvisé alors en piste de danse où les clients dansaient autour des tables avec une frénésie sans pareil.

À ce moment-là, j'aurais aimé pouvoir jeter mon tablier et me mêler à eux, partageant l'insouciance du moment. Pendant plus de six heures, elle dansa accompagnant à merveille les guitaristes s'octroyant que très peu de pauses. Ce soir-là, il fût difficile de prendre congé des derniers clients qui voulaient prolonger coûte que coûte cette soirée. La patronne promit que la danseuse reviendrait vu la satisfaction unanime qu'elle avait suscitée. Une fois leurs guitares rangées dans leur fourreau, ils ne s'attardèrent pas. Marius voulait ramener sans tarder Germaine : la danseuse qu'il me présenta comme sa sœur :

« Tant que je ne l'aurai pas ramené, ma mère ne dormira pas et il est déjà 1 h 30 alors on discutera mieux demain soir si tu veux ? »

« Avec grand plaisir, j'ai un tas de questions à vous poser ! »

« Alors à demain soir Bella ! »

La soirée du samedi soir eut le même succès que la veille malgré l'absence de Germaine. Mathilde et moi prenions un réel plaisir à chaque fois que l'on pouvait reprendre en cœur ces airs endiablés sans pour autant diminuer la cadence de nos postes respectifs.

Il était minuit et demi lorsque nous finissions ce soir-là. Marius et Bégot étaient en grande discussion avec un petit groupe d'amis qui avaient passé plus de temps à danser qu'à manger. Moi, j'avais fini mon service et m'apprêtais à prendre congé de tout ce beau monde lorsque j'entendis Mathilde dans l'arrière-salle prendre ses clefs de voiture. Entendant du bruit derrière le comptoir, elle revint sur ses pas :

« Ah ! tu es encore là ? Tant mieux j'allais justement passer à la caravane pour te proposer de venir finir la soirée avec moi ça nous fera du bien de nous changer les idées. Qu'est-ce que tu en dis ? »

Malgré la fatigue sa proposition n'était pas pour me déplaire !

« Pourquoi pas ? Si tu penses qu'on sera capable d'être à notre poste à 11h demain matin alors je suis partante. »

Tout en me prenant par le bras, elle ajouta :

« Super ! c'est parti. »

« Mais tu ne m'as pas dit où on allait ? »

D'un ton rieur tout en me chuchotant dans l'oreille, elle poursuivit :

« Surprise ! C'est un endroit sympa, tu verras. »

« Bon je te fais confiance, mais j'espère que l'on ne va pas rouler pendant des heures ? »

« Non ce n'est qu'à quelques kilomètres d'ici on va juste se dégourdir les jambes autrement qu'en piétinant. »

… Quelques heures plus tard, tout ce dont je me souviens fut le son de sa voix qui me ramena à la réalité. J'avais dû m'assoupir. Elle venait juste d'arrêter la voiture. Me rehaussant, je regardais autour de moi. Nous nous trouvions au beau milieu d'un parking immense entouré d'une cinquantaine de voitures. Surprise, je n'eus pas le temps de la questionner qu'elle me répondit aussitôt en levant les bras au ciel :

« Bienvenue au Kristal, la plus grande discothèque de toute la région. Ce qui n'a pas grand mérite puisque c'est la seule ! Mais je suis médisante, elle vaut quand même le détour. Il y a 3 pistes de danse avec de la musique pour tous les âges et en saison estivale une ambiance de dingue ! »

Cette nuit-là restera l'un de mes plus beaux souvenirs. Toute la nuit nous avons dansé comme si nous avions eu besoin à notre tour d'être aussi à la fête ! ! Lorsque nous sortîmes de cet endroit, le jour pointait le bout de son nez !

Ils ne nous restaient plus qu'à rentrer prendre quelques cafés bien corsés et faire au mieux pour assurer notre journée de travail qui s'annonçait déjà tout aussi noire que nos cafés à venir !

Avant même que le service du midi ait commencé, je me sentais déjà aussi fatigué qu'une fin de week-end bien chargé ! Cette journée fut pour moi l'une des plus longues de la saison ! Je vous passe l'épisode de la tête à Mathilde qui au fur et à mesure de ses allers et retours en salle déclinait à vue d'œil. Je ne pus m'empêcher de jeter une énième fois le regard sur la pendule croyant qu'elle avait définitivement rendu l'âme !

Lorsque je vis la porte s'ouvrir sur Marius et Bégot, j'eus un regain d'énergie !

Il était encore tôt et ils vinrent s'installer au bar. Je passais derrière mes fourneaux surveillant pour la énième fois si je n'avais rien oublié tant j'avais du mal à me concentrer !

Lorsque je passais de nouveau derrière le bar pour me servir un café, je remarquais alors que Marius me regardait intensément d'un air interrogatif comme s'il attendait que j'engage la conversation. Je me tournais vers Bégot en espérant qu'il m'éclaire sur la situation. Il n'en fit rien. Il avait même l'air amusé de la situation. Intriguée par leur comportement, je me jetais à l'eau :

« Eh bien, qu'est-ce qui vous arrive ? Vous me regardez d'un œil inquisiteur comme si j'étais coupable de je ne sais quoi ? »

Marius réagit aussitôt :

« C'est un peu ça mais on va faire court j'ai juste une question à te poser. Pourquoi hier soir tu m'as laissé chanter plus d'un quart d'heure devant la porte de ta caravane comme un imbécile sans vouloir m'ouvrir ? Je ne demandais pas grand-chose juste un café avant de rentrer c'est tout. »

Sur le coup je ne comprenais pas de quoi il me parlait. Il fallut que je prenne le temps de me remémorer ma fin de soirée pour comprendre la situation ce qui déclencha en moi un fou rire magistral !

Je vis qu'il eut du mal à contenir sa colère tant ma réaction lui avait déplu. Mais il se reprit vite :

« En tout cas, ça a au moins le mérite de te faire rire ! Moi à vrai dire pas trop j'aimerai bien comprendre »

J'avais du mal à me contrôler tant la situation était burlesque et drôle. J'aurais tant aimé le voir chanter et jouer de la guitare à tu tête, seul dans le noir et rien que pour moi ! Grandiose… Mais je me repris vite de peur de le fâcher pour de bon.

« Ne te vexes pas j'aurai vraiment apprécié t'entendre chanter surtout en solo ça en valait sûrement le détour et je le regrette sincèrement… »

… Mais je n'arrivais pas à finir ma phrase car le fou rire me reprenait de plus belle ne pouvant m'empêcher de visualiser à nouveau la scène ! Lui par contre n'avait pas du tout le même état d'esprit que moi :

« Ce serait sympa que tu finisses ton explication que l'on puisse nous aussi en profiter. »

Et se tournant vers Bégot il lui dit :

« Qu'est-ce que tu en penses ce serait sympa non ? »

Bégot ne rata pas l'occasion qui lui était donnée de répondre et d'un air espiègle me dit :

« Sincèrement j'ai hâte d'avoir ton explication car crois-moi de voir Marius jouer pendant tout ce temps sans que tu lui ouvres c'était franchement incroyable. Nous nous connaissons depuis tout petit et la patience ce n'est pas son fort ce fut un sacré exploit de sa part, crois-moi, c'est rien de le dire ! »

« C'est bon, je ne t'ai pas demandé d'en rajouter ! Alors, Bella, qu'as-tu à me dire pour ta défense ? »

J'essayais avec peine de reprendre mon sérieux mais c'était franchement difficile et en évitant de le regarder je m'expliquais :

« Je suis vraiment désolée mais je ne pouvais pas t'ouvrir pour la seule et bonne raison que je n'étais pas là ! Mathilde et moi étions parties danser au Krystal pour nous changer les idées ! »

Ce fut au tour de Bégot de partir d'un éclat de rire aussi haut et fort que son personnage :

« Alors celle-là elle est bien bonne je comprends mieux maintenant : franchement quand je vais raconter ça pour le coup on ne me croira pas ! »

« Ne t'avises pas d'en parler à qui que ce soit tu as bien compris ou je te coupe la langue… »

Je ne compris pas la fin de sa phrase car elle était en catalan à l'inverse de Bégot qui à ses mots avait reçu le message cinq sur cinq ce qui le calma d'un coup. Voyant que les choses risquaient de s'empirer j'essayais tant bien que mal de reprendre mon sérieux :

« On ne va pas en faire tout un drame et pour me faire pardonner bien que je ni suis pour rien je paie ma tournée ! »

« Cette fois-ci la maîtresse de maison est là Marius tu ne prendras pas le risque de perdre ta voix. »

« C'est bon Bégot, tu ne vas pas me faire la remarque à chaque fois que l'on va passer un moment avec elle ? »

« Tu m'excuseras mais avoues quand même que celle-là elle peut être classée numéro 1 au top 50 non ? Et puis jusqu'à maintenant ce sont plutôt les filles qui ont l'habitude de t'attendre et pas l'inverse ? »

« Franchement, tu n'as rien d'autre à raconter ? Si tu continues comme ça pour le coup on risque de rester devant la porte ! »

Je vins alors à la rescousse :

« Ne t'inquiète pas ça me fait vraiment plaisir de vous recevoir et sache qu'hier soir ou un autre soir quel qu'il soit je n'attends jamais personne j'ai horreur des gens en retard. »

« Eh bien tu entends, Marius, ça a au moins le mérite d'être clair. »

J'étais heureuse de pouvoir passer un moment avec eux en dehors du restaurant espérant en apprendre un peu plus sur leur mode de vie. Cette nuit-là Marius m'expliqua d'abord que Bégot voulait dire « arabe » en gitan. C'était le surnom donné à son meilleur ami qui avait été élevé une bonne partie de sa jeunesse avec lui dans sa propre famille. Il avait 4 frères et 2 sœurs issus d'une mère gitane catalane et d'un père gitan d'origine allemande. Comme beaucoup d'entre eux, il avait très peu fréquenté les bancs de l'école et ne savait ni lire ni écrire, ce qui me semblait de nos jours impensable. Pour moi tout ceci était fini depuis le siècle dernier.

« Dis-moi, Marius, j'aimerai te poser une question : est-ce que tu vis en caravane ? »

« Oui bien sûr j'ai ma propre caravane comme mes frères et leurs familles sauf mes sœurs qui sont encore trop petites et qui vivent avec mes parents. »

« Et vous êtes nombreux à vivre ainsi ? »

« Je pense que nous sommes une bonne cinquantaine de caravanes je ne sais pas je n'ai jamais compté. »

« Excuse-moi de te poser toutes ces questions mais pour moi c'est comme si tu venais d'une autre planète ! »

« Elle est bien bonne celle-là, rassure-toi je ne suis pas un petit homme vert comme tu peux le constater et je ne me déplace pas en soucoupe volante ! »

Bien sûr, Bégot s'empressa d'ajouter :

« Pourtant ça serait bien pratique on pourrait programmer le chemin du retour les soirs où il est difficile de voir plus loin que le bout de son nez ! Dans tous les cas, ça nous arrangerait bien la mise ! »

Peu à peu, ils m'ouvrirent les portes d'un monde parallèle où se côtoyait au jour le jour un mode de vie ancestral. C'était comme s'ils survivaient au milieu de notre quotidien que je croyais pourtant pareil à tout un chacun… Quelle utopie !

J'avais du mal à imaginer que l'on puisse vivre en caravane. Comme tout le monde, il m' arrivé de voir ces campements sur des airs aménagés ou non mais sans jamais y prêter grande attention. Au fil de nos discussions ce soir-là, j'ai pris conscience que ma vie n'était que privilège.

Je passais une bonne partie de la nuit à les écouter parler les interrompant le moins possible de peur qu'ils ne se taisent. Au fur et à mesure qu'ils me dévoilaient des brides de leur vie, j'en arrivais à me demander si nous vivions vraiment à la même époque et au même endroit. C'était comme si nos deux mondes cohabitaient sans jamais franchir la ligne rouge qui différencie nos cultures. Plus je les écoutais, plus j'avais envie d'en savoir encore plus mais je compris que pour cela il me faudrait gagner leur confiance. Il était plus de 3 heures du matin lorsqu'ils prirent congé.

Les semaines s'écoulaient au rythme des services et des soirées qui animaient chaque week-end. Je me laissais bercer par ce quotidien et les rares jours de repos qui m'étaient octroyés jusqu'à l'arrivée de l'été et de son lot de touristes. J'avais signé mon CDI. Je me surpris même à trouver une certaine satisfaction dans mon nouveau job. Mais j'avoue que mon plus grand plaisir était celui de pouvoir passer un moment avec Marius à chaque fin de soirée lorsqu'il venait jouer le week-end !

Au fil du temps, une certaine complicité s'était installée entre nous et j'avais bien du mal à résister à son charme. À chacune de ses venues il ne manquait pas de m'offrir un petit cadeau ou d'avoir un petit geste attentionné, ce dont je n'avais pas l'habitude. J'en étais à la limite gênée et j'avais beau lui dire que cela était inutile, il continuait, me disant que ça lui faisait plaisir et qu'il n'attendait rien en retour.

Chaque week-end, un rituel s'était installé entre nous. Après leur prestation nous nous retrouvions dans ma caravane devant une cafetière bien remplie à discuter des heures durant. Depuis plusieurs temps déjà une question me brûlait le bout des lèvres mais je n'osais la lui poser, craignant qu'il se moque de moi. Mais ma curiosité finit par l'emporter et je me lançais :

« Je suppose que celle où tu habites est plus grande que celle-ci ? »

Pendant une fraction de seconde son regard se durcit puis voyant que je lui décochai un sourire bon enfant il se détendit mais ne répondit pas. J'insistais d'un air tout aussi innocent :

Alors Monsieur j'attends une réponse à moins que tu n'es pas envie de m'en dire plus sur ta manière de vivre et bien sûr je le respecterai !

Il jeta un regard amusé à Bégot et partit d'un éclat de rire.

« Tu plaisantes j'espère ? Chez nous ce genre de chose sert de rangement, personne ne voudrait vivre dedans. »

Tout en l'écoutant, j'essayais de m'imaginer comment l'on pouvait vivre dans ces espaces si restreints. Bien que certaines caravanes me semblaient spacieuses de l'extérieur, je m'imaginais mal y vivre au quotidien. Pourtant je me surpris à espérer pouvoir un jour entrer dans l'une d'entre-elles. Alors j'osais une autre question qui je savais risquait de le braquer pour de bon et du coup clôturer la soirée :

« Tu vas penser que je suis vraiment curieuse mais sur les bords du Rhône à l'entrée d'Arles j'ai remarqué qu'il y a une grande concentration de caravanes près du pont, c'est là où vous vivez ? »

Son attitude avait changé, il avait l'air moins sur la défensive presque amusé !

« Oui, c'est notre camp, nous sommes installés là depuis plusieurs années déjà. La mairie nous fournit l'eau et l'électricité. »

Malgré son air détaché, je compris qu'il ne fallait pas que je continue à poser des questions.

Je m' aperçus qu'à chaque fois que j'essayais d'aborder le sujet de sa famille, il détournait systématiquement la conversation en restant très évasif. Il en était de même pour sa vie privée. Je savais juste qu'il avait fréquenté à 17 ans une autre gitane très jeune aussi (fille d'un des chanteurs des gipsy king) rencontré lors des vendanges à Perpignan et qu'une fois rentrés à Arles ils s'étaient installés ensemble. De leur union (qui ne dura que très peu de temps suite à un évènement fâcheux), ils eurent un petit garçon : Nicolas. Mais je sentais bien que de ce passé il gardait une blessure encore mal cicatrisée et que moins il en parlait mieux c'était. Alors je décidais de revenir sur la manière dont on pouvait vivre en communauté ce qui attisait ma curiosité au plus haut point :

« Il y a une chose qui m'intrigue êtes-vous tous de la même famille ou bien vous êtes tous de familles différentes ? »

Je m'aperçus alors que je venais de poser la question de trop. Il posa son regard de velours sur moi et après un temps d'hésitation comme pour mieux capter mon attention il me dit :

« Avant que je ne te réponde, j'ai moi-même une question à te poser. Pourquoi cela t'intéresse-t-il tant de savoir comment nous vivons ? Vous autres "pailloux" vous vous posez toujours vingt mille questions à notre sujet avec des préjugés en veux-tu en voilà. Et comme la plupart du temps vous ne connaissez rien à notre mode de vie alors vous inventez un tas d'histoires sur nous ! »

Là, je pense que j'avais été un peu trop loin !

« Hou là-là ne t'emballes pas excuse-moi si j'ai été trop indiscrète. Mais ne t'inquiète pas je vais répondre à tes questions, juste lorsque tu m'auras expliqué ce que veut dire le mot "pailloux" !

« Ah "pailloux" ça veut dire français dans notre dialecte. On dit Paille ou pailloux c'est la même chose.

« Justement, si je te pose toutes ces questions c'est parce que je préfère connaître la réalité des choses, la vraie, sans fioriture. Aujourd'hui, j'ai la chance d'avoir en face de moi une personne qui fait partie de ce monde alors je profite de celle-ci pour mieux comprendre et ne pas faire l'erreur de ceux qui comme tu dis ne savent rien et racontent n'importe quoi.

Notre échange doit se faire dans les deux sens pour être constructif et moi aussi je vais t'en dire un peu plus sur ma vie bien qu'elle ne corresponde pas tout à fait au plus commun des mortels. »

Bégot intervint en faisant une moue à la « Fernandel » :

« Traduit s'il te plaît car moi je ne comprends rien ! Mais ça m'intéresse de savoir comment les autres vivent en dehors de notre famille, de notre clan. Tu vas me dire que ce n'est pas bien compliqué de vivre mieux que nous ;

on court toujours après l'argent pour manger et les fins de mois sont toujours difficiles. Heureusement que l'on sait se débrouiller dans tous les sens du terme pas vrai ? »

« Oui, tu as raison c'est bien pour cela que les gens qui ne sont pas de notre monde ne peuvent pas comprendre. »

« Moi, justement, je veux comprendre. J'ai juste à ouvrir grandes mes oreilles et à vous écouter. Vous avez toute mon attention. Mais comme je le disais avant que Bégot ne m'interrompe, je vais vous parler un peu plus de moi. J'avoue que je suis d'une famille de classe un peu plus que moyenne : pour toi Bégot cela veut dire que je n'ai jamais manqué de rien. Mais je me suis mariée trop tôt et me suis comportée jusqu'à l'heure actuelle comme une petite fille gâtée. À 22 ans j'ai eu tout ce qu'une jeune fille aurait pu désirer. À bien y réfléchir beaucoup plus car peu d'entre elles peuvent prétendre avoir été patronne de bar si jeune. J'ai eu la chance de pouvoir être la patronne d'un magnifique pub et d'avoir un mari extraordinaire. Mais tout trop jeune et trop vite ! »

Bégot me regarda d'un air étonné limite soupçonneux :

« J'ai du mal à m'imaginer que l'on puisse avoir tout eu à ton âge ! Nous d'aussi loin que je me souvienne, on a toujours galéré juste pour manger chaque jour… Tu t'en rends compte, Marius, c'est un gouffre qu'il y a entre nous ! »

« Arrête de dire n'importe quoi tu sais très bien que c'est comme ça et que ça sera toujours ainsi : les favorisés d'un côté et les autres comme nous de l'autre mais je ne donnerai en rien ma place crois-moi. »

« Moi non plus… juste peut-être un peu plus d'argent, ça arrangerait bien les choses et ça éviterait les ennuis qui arrivent quand on n'a pas de quoi payer les factures et tout le reste. »

Je m'empressais de reprendre la parole afin de ne pas couper le fil de notre discussion :

« Marius a raison tu vois moi je ne pouvais rien espérer de mieux mais j'avais rien dans ma petite tête. Lorsque tu as tout trop vite tu n'as plus le sens de la vraie vie, de la réalité du "pourquoi tu es là et à quoi tu sers". Je pense que lorsque nous sommes trop jeunes on n'a pas l'expérience et la maturité de pouvoir endosser cette réalité. Dans tous les cas c'est ce qui s'est passé pour moi. »

Marius me regardait d'un air intrigué comme si je venais tout juste de capter son attention. Alors je compris que le 1er pas était fait et qu'un semblant de confiance venait de s'installer entre nous. Rejetant ses cheveux en arrière tout en soupirant, il me dit :

« Pour en revenir à ta question, nous sommes plusieurs familles qui vivons toujours ensemble dans les mêmes endroits. Pour nous on a à peu près 5 caravanes différentes c'est-à-dire 5 familles. »

« Sincèrement, j'ai du mal à me projeter et à me faire une idée de comment on peut vivre ainsi ? »

« Eh bien tu vois c'est justement là toute la différence entre nous. Moi je ne me poserai jamais ce genre de question car ça ne m'intéresse pas de savoir comment l'on peut vivre autrement et tu sais pourquoi ? »

« Non… »

« Parce que pour moi il est impensable de vivre d'une autre manière que celle-là. »

« Tu as sans doute raison c'est peut-être la meilleure manière de voir les choses. Mais moi j'aime pouvoir échanger avec les autres c'est ce qui nous enrichit et nous fait avancer non ? »

« Je ne pense pas que nous sommes sur la même longueur d'onde sur ce point de vue. Moi je ne me pose pas ce genre de questions. Nous sommes nés ainsi de l'autre côté de la barrière. Vous dans des maisons nous dans des caravanes et toujours à l'écart de votre civilisation. Pourtant on est obligé de vous côtoyer à longueur de temps qu'on le veuille ou non avec vos règles et non les nôtres. »

« C'est un reproche ? Je sens de la résignation dans tes propos comme si c'était une fatalité ? »

« C'est un peu ça. Qu'on le veuille ou non, nous sommes obligés de vivre avec vous et bien souvent nos modes de vie vous dérangent car nous ne sommes pas "conformes" à votre manière d'être. La différence c'est que nous, nous nous adaptons à vous alors que vous ça ne vous effleure même pas l'esprit. Vous pensez que c'est vous qui vivez "normalement et qu'il ne peut pas en être autrement" Mais c'est quoi la normalité des choses ? Pourquoi ça doit être votre manière de fonctionner qui doit être la bonne et non l'inverse ?

« Tu penses vraiment ce que tu dis ?

« Ce n'est pas une pensée, c'est la réalité. »

En fait, à bien y réfléchir, il n'avait peut-être pas tort. Pourquoi notre manière de vivre serait-elle mieux que la leur ? Parce que nous sommes plus nombreux à vivre ainsi ? Je n'en suis pas si sûre. Je ne pense pas que cela justifie notre manière de voir les choses.

Il venait de soulever un sujet bien épineux auquel malheureusement je pense que chacun de nous « restera campé sur ses positions ». Bien que pour moi il n'y ait pas une manière de vivre mieux qu'une autre, je pense pourtant que l'on devrait pouvoir vivre comme on l'entend sans être jugé pour ses différences.

On vit de la façon dont on a été élevé et dans le milieu où l'on a grandi. Je ne pense pas que l'on se pose ce genre de question à moins d'être confronté quotidiennement à cette situation, ce qui était pourtant le cas pour Marius et sa famille. Je pensais alors comme une évidence que la seule manière de pouvoir comprendre leur mode de vie était de pouvoir partager un jour leur quotidien. Et là soudain je pris conscience que j'avais un atout en main ! Aussi minime soit-il, il pouvait attiser sa curiosité et lui permettre de lâcher un peu de lest. Lorsque j'avais pris la décision de quitter mon mari, je m'étais installée dans un camping ouvert à l'année le temps de pouvoir organiser mon départ. J'avais donc acheté ma propre caravane, une « Georges et Jacques ». J'aurais dû voir cela comme un signe à ma destinée… !

Mais je repris vite le fil de la discussion ne voulant pas en rester là :

« À bien réfléchir à la question n'ai pas de préjugé ni de certitude sur quelle est la meilleure façon de vivre ou non. Mais une chose est certaine, la cohabitation chez les gens qui vivent de la même manière est déjà difficile, voire parfois même impossible, alors je peux aisément imaginer le mal-être que cela peut provoquer dans votre communauté si cela se rajoute à nos différences de vie. »

Pourtant Marius restait campé sur sa manière de voir les choses et pour lui il n'y avait qu'une seule façon de se mettre à leur place :

« Il faut vivre avec nous pour le comprendre autrement je t'assure que c'est impossible de se faire une idée. »

Je profitais alors de sa réponse pour abattre mon jeu ! Je décidais de la jouer façon dérision :

« Je vais te faire rire mais moi aussi j'ai vécu dans une caravane Monsieur. »

Cela fonctionna à merveille, sa réaction fut immédiate :

« Mais bien sûr ! bien essayé. »

« Non, non ! Je t'assure avant de venir ici lorsque j'ai quitté mon mari je suis partie vivre dans un camping achetant ma propre caravane le temps de voir venir. »

Je venais pour la première fois de la soirée d'attirer toute son attention !

« Tu plaisantes !? »

« Non, je t'assure, c'est la vérité. »

« Alors celle-là c'est la meilleure ! »

« Et justement en parlant de cette période cela me rappelle que c'est un sujet qui me pose un gros problème. »

Il reprit son sérieux et d'un air interrogatif me demanda :

« Ah bon ? Lequel. »

« Il ne me reste plus qu'un mois pour la récupérer car le propriétaire a besoin de son emplacement. J'ai bien fait appel à un transporteur pour la remorquer mais j'ai vite renonçait à cette idée c'est hors de prix ! il est là mon souci et il n'est pas des moindres, crois-moi ! »

Marius se redressa. Son regard se perdit dans le lointain comme s'il n'était plus avec nous. Puis d'un ton hésitant, presque inaudible, il ajouta :

« On en reparlera mais j'ai peut-être une solution à ton problème. »

Et sur ces mots, il se leva comme si ceux-ci clôturait la fin de soirée. Il se tourna alors vers Bégot :

« Allez, on y va, il se fait tard et demain j'ai encore pas mal de choses à régler. Et toi Bégot ta femme va encore râler si tu rentres au petit matin ! »

Je me levais à mon tour pour leur dire bonsoir tout en ajoutant :

« Que voulais-tu dire par j'ai peut-être une solution à ton problème ? »

Il revint sur ses pas me pris dans ses bras et tout en me déposant un baiser sur le front me murmura :

« On en reparlera plus tard. Il faut d'abord que je vois ça avec mon père. Tchao Bella ! »

Sa réponse pour le coup m'intrigua. Comment pouvait intervenir son père pour régler mon problème tout en sachant que des centaines de kilomètres nous séparaient de ce fameux camping ?

En dernier recours j'avais même envisagé de vendre ma caravane sur place. Je dis bien en dernier recours car pouvoir la ramener ici voudrait dire avoir ma propre autonomie le temps de faire quelques économies.

Une fois mes tasses lavées et rangées je préparais « mon coin lit ». N'ayant que le lendemain de repos il fallait que j'organise tous mes rendez-vous à l'extérieur sans omettre de passer faire un petit coucou à Olivier. Mais j'avais beau fermer les yeux, me tourner et me retourner dans tous les sens : impossible de trouver le sommeil.

Je repensais sans cesse aux paroles de Marius à propos de son père. N'était-ce pas là sa manière à lui de me dire qu'il m'accordait un peu plus d'intérêt ? Il était tellement à « fleur de peau » lorsque l'on abordait le sujet de sa famille que je réalisais bien qu'il me faudrait bien plus que de la patience pour gagner sa confiance ! C'était loin d'être gagné ! J'essayais alors de m'imaginer quel genre d'homme pouvait bien être son père. Était-il un peu plus grand que Marius ? Typé et basané comme lui ? Pour le coup, j'étais incapable de me faire une idée quelconque de son apparence physique…

Chapitre III

La semaine qui suivit me parut interminable tant les questions depuis son départ tournaient en boucle dans ma tête : à savoir ce qu'allait me proposer Marius. Allais-je faire la connaissance de son père ? Allait-il trouver une solution pour le rapatriement de ma caravane ? Toutes ces questions finissaient par m'épuiser moralement et plus les jours passaient plus je devenais irritable.

Lorsqu'enfin le vendredi arriva, la pression que je m'étais infligée retomba aussi vite qu'elle était venue. Je savais que d'ici peu il serait là et que même s'il fallait encore attendre la fin de la soirée, j'aurais des réponses à mes questions.

Je me forçais à ne plus penser qu'à mon travail virevoltant au beau milieu de mes fourneaux me demandant ce que j'allais bien pouvoir préparer comme menu ce vendredi midi. Mais inlassablement une petite voix perturbait mes bonnes résolutions et une question encore plus alarmante que les autres me vint à l'esprit :

Et s'il lui prenait l'idée de venir là avec son père… ce soir ? C'était le pire des scénarios envisageables !

Sentant une panique incontrôlable m'envahir j'essayais tant bien que mal de me rassurer et de reprendre le contrôle de mes émotions. Je me raisonnais en me disant qu'il était bien trop discret sur tout ce qui concernait sa famille. Et puis ce soir il venait pour jouer et il ne m'avait pas dit que son père chantait ou jouait de la guitare.

La lueur du soir pointa enfin le bout de son nez laissant place au monde de la nuit qui s'éveillait peu à peu. Comme à son habitude, la porte s'ouvrit sur Bégot qui était en pleine discussion avec Marius. Avec appréhension je m'assurais qu'il n'y avait pas une 3e personne derrière eux ! À mon grand soulagement, il n'en était rien. Marius jeta un regard espiègle en ma direction et me dit :

« Salut, Bella, tu es vraiment jolie ce soir, tu attends quelqu'un ?

« Non pas à ma connaissance. Enfin si… juste des joueurs de flamenco qui j'espère seront en pleine forme ce soir car toutes les tables de la grande salle sont réservées, il va falloir assurer ! »

« Ne t'inquiètes pas pour nous, nous avons l'habitude c'est notre quotidien. Par contre, juste un détail à régler avant que je n'oublie : j'espère que tu ne vas pas t'évaporer une fois le service terminé car nous devons parler et je ne veux pas faire le pied de grue devant ta porte encore une fois ! »

Comme à son habitude Bégot s'empressa d'ajouter son grain de sel, l'occasion était trop belle pour lui. Tout en me prenant dans ses bras, il me chuchota à l'oreille « regarde comme il est en pleine forme il va partir au quart de tour » :

« Elle est bien bonne celle-là Monsieur se met à prendre des rendez-vous maintenant de peur de rater le coche ! »

« C'est bon Bégot ne la ramène pas garde plutôt ton énergie pour la suite. »

Je souris tout en lui répondant :

« Pas de soucis du moment que je suis prévenue, je t'attendrai promis ! »

Je vaquais à mes fourneaux, curieuse de savoir de quoi il s'agissait. La soirée battait son plein et les tables ne désemplissait pas. Lorsque je levais enfin le regard vers la pendule, elle affichait minuit et demi. Les derniers desserts étaient envoyés et bien que de mon côté j'avais bouclé mon service j'aidais la patronne au comptoir le temps que ces messieurs aient terminé. Je jetais un coup d'œil vers le fond de la salle à manger ne me lassant pas de les voir chanter et jouer avec toujours autant d'enthousiasme. Bien que le rythme fut soutenu ce soir-là, vu le nombre de couverts que nous avions faits, je ne ressentis aucune fatigue. J'étais juste impatiente de les retrouver dans le calme et loin de tout ce brouhaha. Lorsqu'ils vinrent s'asseoir au comptoir, je leur servit deux fœtus sans glace : rituel immuable qui marquait la fin de la soirée ! J'avais bien du mal à me contenir. Je trépignai d'impatience guettant l'instant où ils prendraient enfin congé…

Quelques fœtus plus tard, nous étions là tous les trois autour de ma petite table devant des cafés aussi noirs que la nuit qui nous enveloppait. Marius posa les lèvres sur le bord de sa tasse et avant même d'en boire une gorgée, il la reposa aussitôt. Puis Il se rapprocha de moi :

« Je compte venir te voir avec mon père en début de semaine prochaine. Je lui ai vaguement parlé de ton problème. Il faut que l'on en discute plus sérieusement c'est pour cela qu'il veut te rencontrer. Quel jour pourrait te convenir ? »

Une fois ma surprise passée car je ne comptais pas faire sa connaissance aussi vite, je réfléchis à la hâte :

« Disons mardi vers les 10 h 30 avant le service de midi. On peut se donner rendez-vous au bar car je ne veux pas le recevoir dans ma caravane ou plutôt dans mon débarras ! »

« Je vois que tu as bien retenu la leçon ! C'est OK pour mardi. Pour l'heure, on ne va pas tarder à rentrer. La journée a été longue et le chemin du retour n'est pas une partie de plaisir. »

À ces mots, Bégot eut un regain d'énergie. À moitié endormi sur la banquette qui me servait de lit, il se redressa et acquiesça de bon cœur :

« Je ne sais pas si c'est la journée qui a été trop longue ou bien ce que j'ai bu qui m'a fatigué mais j'ai hâte de me coucher ! »

Après toutes ces années passées, lorsque je me remémore cette étape de ma vie, j'ai la quasi-certitude qu'il y a des gens qui vous marquent au plus profond de vous et qui, quoique l'on en pense, influencent votre vie d'une manière ou d'une autre. Ce fut le cas de José, le père de Marius.

Je me souviendrais toujours de la sensation désagréable que je ressentis la première fois où il posa son regard sur moi. Il était là assis sur un des canapés au fond du bar parlant avec son fils. Il n'était pas très grand mais la chose qui me frappa le plus, fut la couleur de ses cheveux « blond » et de ses yeux « bleus ». Pour un gitan cela ne collait pas du tout à l'image que je m'en étais faite. Il était bel homme et avait cet air vif et espiègle qui les caractérise si bien. Me rapprochant d'eux, Marius se leva et fit les présentations. Son père tout en restant assis ébaucha un sourire discret tout en me jaugeant d'un regard froid. Une fois qu'il eut terminé, il prit aussitôt la parole entrant dans le vif du sujet comme s'il n'avait pas de temps à perdre :

« Alors comme ça mon fils m'a laissé entendre que vous cherchiez un moyen de transport pour rapatrier votre caravane ? »

« En effet, elle est loin d'ici et je me demande si du coup je ne ferai pas mieux de la vendre sur place. »

« Je ne sais pas c'est à vous d'en décider mais si nous nous accordons sur un prix pour le transport et l'essence je peux peut-être arranger la chose. Et puis cela me permettra de chiner des meubles anciens dans ce secteur que je ne connais pas. »

En riant pour masquer ma nervosité, je lui répondis :

« Si vous ne pratiquez pas des prix de déménageurs, cela peut être envisageable. »

À mes paroles, son regard bleu clair prit un reflet gris foncé et son visage se durcit. D'un ton sec, il me répondit :

« Si vous partez sur le jeu du marchandage je pense que vous êtes mal tombée ! c'est toujours moi qui fixe le prix et c'est à prendre ou à laisser. »

Son attitude me surprit tant par son calme que par sa fermeté. Puis comme on dit si bien « chassé le naturel il revient au galop » je sentis la colère monter en moi comme à chaque fois que je me sens déstabilisée donc sur la défensive !

Je comptais bien lui faire comprendre que ce n'était pas parce qu'il avait l'avantage de l'offre que je n'avais pas mon mot à dire. Marius malheureusement ne m'en laissa pas l'occasion. Il m'avait déjà bien cerné et sentant que ma réponse n'allait sûrement pas plaire à son père, il prit aussitôt les devants en s'adressant à lui :

« Si tu commences d'entrée à la braquer on peut finir notre verre et repartir avant même d'avoir parlé de quoique ce soit ! »

Ses paroles contre toute attente firent leur effet. Il lui jeta un regard réprobateur et s'enfonça un peu plus dans son fauteuil en signe de mécontentement. Une fois la tension redescendue il se tourna vers moi penchant la tête pour mieux capter mon regard, et me dit en souriant :

« Je vois… j'aurai dû m'en douter vous avez l'air d'avoir du caractère. Et connaissant mon fils cela aurait été étonnant qu'il me présente un autre genre de femme ! »

Un peu moins sur la défensive je pris le temps de lui répondre le plus calmement possible :

« Disons que ce n'est pas parce que je suis une femme que je ne sais pas où je vais ni ce que je veux. Par contre pour les choses qui ne sont pas de mon ressort je sais passer la main quand il le faut tout en restant méfiante ! »

Même si c'était son père, je ne comptais pas pour autant me laisser faire. Je sentais bien qu'il était en train de me tester et cela semblait ne pas déplaire à son fils qui s'amusait même de la situation.

Je lui jetais un regard persistant, espérant qu'il vienne à mon secours ! Mais peine perdue, il n'en fit rien. Pour toute réponse il eut la même attitude que son père et s'enfonça un peu plus dans son fauteuil attendant la suite des évènements.

Après un long silence tout en remuant sa petite cuillère dans son café comme si cela lui permettait de mieux réfléchir, il me dit :

« Je vois, ça a au moins le mérite d'être clair ! Mais revenons-en à votre problème. Avant de vous donner un ordre de prix, j'ai besoin d'en savoir un peu plus. Tout d'abord il y a combien de kilomètres d'Arles jusqu'à votre camping ? »

« Je pense aux alentours de 400 km. La départementale qui mène jusque là-bas est très bien aménagée ce qui nous évite d'emprunter l'autoroute. »

« C'est déjà un bon point si nous nous entendons sur le prix il faudra compter au moins 2 jours pour le voyage voir 3 si je prends le temps de prospecter pour trouver des meubles. »

Je m'empressais de répondre :

« Si nous tombons d'accord, il faudra que cela puisse s'organiser au plus vite car nous allons arriver en pleine saison et prendre des congés sera bientôt quasiment impossible pour moi. »

Tout en se levant, il clôtura la discussion par ces mots :

« Je m'occupe de chiffrer ça au plus vite et si nous faisons affaire on essayera alors de programmer le voyage dans les 15 jours à venir. Marius vous tiendra au courant dès demain voir au plus tard après-demain. »

La discussion était close. Il me salua brièvement et sortit d'un pas pressé comme s'il avait déjà passé trop de temps en ma compagnie. Marius, lui, attendit qu'il ne soit plus dans son champ de vision et me dit d'un air réjoui :

« Tu ne t'en es pas si mal tirée ! Crois-moi, j'ai vu pire ! »

« Je te remercie, tu aurais pu m'avertir que ton père était aussi dur. »

« C'est le moins que l'on puisse dire mais crois-moi tu as passé la première épreuve haut la main. À voir maintenant par la suite. Mais si vous faites affaire je pense que cela va être intéressant de vous voir cohabiter tous les 2 quelques jours… »

« Vraiment, tu ne fais rien pour me rassurer et même s'il me proposait ses services là maintenant gratuitement je ne sais même pas si j'accepterai. Pour te dire l'effet qu'il m'a fait ! »

Tout en prenant mes mains dans les siennes, il me répondit :

« S'il y a un point sur lequel je peux te tranquilliser, c'est que c'est pareil pour tout le monde. La première impression qu'il donne est toujours un peu "douche froide" mais si tu as l'occasion de le côtoyer par la suite tu verras il vaut le coup d'être connu. »

« En tout cas pour l'heure je n'en ai aucune envie. Et il faudra vraiment que son offre soit intéressante pour que j'accepte son aide, crois-moi ! »

Se dirigeant vers la sortie il s'empressa d'ajouter :

« Je te tiens au courant mais connaissant mon père je pense que sa curiosité prendra le dessus comme à chaque fois qu'on lui parle d'un endroit inconnu. Je pense même qu'il te fera un bon prix afin que tu ne puisses pas refuser. »

Je m'apprêtais à lui répondre que je n'étais pas du tout sûre d'accepter quoique ce soit de sa part mais c'était trop tard il était déjà parti.

Je restais là sur le pas de la porte me demandant si c'était vraiment raisonnable d'accepter une quelconque offre de son père, tout aussi alléchante soit-elle. C'était un homme de caractère c'était le moins que l'on puisse dire ! Je me doutais bien que cela devait être chose courante chez eux mais la question était à savoir si je supporterais son attitude même pour une courte période ?

En milieu de semaine je vis arriver Marius un après-midi alors que je venais juste de finir mon service. Je fus étonnée de le voir en journée. Voyant mon air surpris il se mit à rire :

« Eh bien c'est tout l'effet que je te fais en plein jour et sans ma guitare ! »

« Non bien sûr mais je ne m'attendais pas du tout à recevoir de la visite cet après-midi et encore moins de ta part ! »

« Eh bien tu vois je suis là. Je viens te faire une offre de la part de mon père. »

« Je me doute bien que tu n'aurais pas fait le déplacement en pleine semaine si ce n'était pas important ! Et bien je t'écoute. Est-elle intéressante cette offre ? »

« Comme je te l'avais dit, mon père a vraiment tiré le prix pour qu'il ait de grandes chances que tu acceptes sa proposition ! »

Pour le coup ce qu'il me proposait ne pouvait essuyer un refus. Il ne nous restait donc plus qu'à fixer la date de notre départ et j'allais pouvoir enfin mettre un terme à tout ce qui me raccrochait à mon passé.

Cependant je reviens vite à la réalité. Une fois notre accord conclu, je pris alors pleinement conscience de la gravité de ma décision ! J'allais partir plusieurs jours avec 2 inconnus. En sachant que la première rencontre avec l'un d'entre eux avait été loin d'être une réussite. Mais c'était trop tard, j'avais donné mon accord à Marius qui ne s'était pas attardé, ravi de pouvoir donner au plus vite ma réponse à son père.

Les 3 jours qui précédèrent notre départ restent à l'heure actuelle un de mes plus mauvais souvenirs. Je ressens encore parfaitement cette sensation de panique qui m'étreignait juste à l'idée de partir avec des gens que je ne connaissais absolument pas et de surcroît des gitans et pour couronner le tout pour un voyage de 3 jours !

J'étais complètement folle et irresponsable. Je me jetais littéralement dans la gueule du loup sans trouver ni la force ni le courage d'y renoncer. Pourtant, mon intuition, ou peut-être mon sixième sens, me disait que je n'avais rien à craindre et que ma bonne étoile était là pour me protéger !

Avec les années passées et le recul sur cet épisode de ma vie je me dis que j'avais l'insouciance de la jeunesse mais surtout une profonde confiance dans l'être humain. Ce qui s'avéra malheureusement être à mes dépens quelque temps plus tard…

L'aube pointait le bout de son nez en effilochant le ciel de ses longs rubans orangés prédisant une journée aussi belle que la veille. Mon sac de voyage était posé sur les marches de mon entrée. Je m'étais avancée sur le chemin espérant les voir arriver plus facilement. J'étais tiraillée entre l'appréhension de partir en terrain inconnu et l'excitation de pouvoir ramener ma caravane. Avant même de voir les phares du camion pointés dans l'obscurité, j'entendis le bruit de celui-ci qui arriva à vive allure. Avec hâte je me reculais du sentier me disant qu'en arrivant aussi vite il risquait de ne pas me voir. Ce qui se confirma puisqu'il continua son chemin jusqu'au parking du restaurant sans même m'apercevoir ! Eh bien, pensais-je, le voyage risque d'être mouvementé ! Marius sauta du camion en me disant d'un ton jovial :

« Salut, Bella, tu es déjà prête à ce que je vois ! J'espère que tu n'as pas pris trop de bagage ? »

« Bonjour non ne t'inquiète pas juste le nécessaire pour ces 3 jours. »

Son père était resté dans le camion, il me salua brièvement et m'invita à prendre place près de lui. C'était un utilitaire 3 places. Marius mit mon bagage à l'arrière de celui-ci et vint nous rejoindre. Tout en m'installant près d'eux, je pris alors pleinement conscience que j'étais à leur merci ! Et si je n'avais pas été assise entre Marius et son père je crois qu'à ce moment-là j'aurai pris mes jambes à mon cou ! Je respirais profondément, essayant de calmer les battements de mon cœur qui s'emballaient à un rythme effréné. Je fixais l'aube à travers la fenêtre ouverte essayant de penser à autre chose ! Tout était calme et paisible. La nuit tirait sa révérence laissant place au petit matin et à l'odeur humide et salée des marais apaisant légèrement mon anxiété. Sentant mon mal être Marius posa sa main sur moi et me dit d'un ton rassurant :

« Nous voilà partis pour des centaines de kilomètres mais ne t'inquiète pas mon père est un très bon chauffeur et on fera de nombreuses pauses en cours de route. »

S'il avait su ! Ce n'était absolument pas cela qui m'inquiétait, il était à mille lieues d'imaginer que j'étais morte de peur. En guise de réponse je lui ébauchais un sourire du coin des lèvres incapable d'en faire plus ! Son père était concentré sur sa route et ne s'occupait absolument pas de ce qu'était en train de me raconter son fils. Je me calais au fond de mon siège essayant pour le coup de me détendre un peu car si je restais aussi stressée je risquais de ne plus pouvoir sortir de celui-ci dès la première halte !

Les kilomètres défilaient aussi vite que mes pensées qui se faisaient de plus en plus noires. Nous venions de traverser Valence et son père prit la décision de faire une pause dès la prochaine aire de repos. C'était l'heure du petit déjeuner et malgré mon stress je commençais à avoir faim. Son père daigna enfin m'adresser la parole pour la première fois depuis notre départ. Comme s'il avait voulu imposer jusque-là son emprise et son indiscutable rôle de patriarche :

« Alors, mademoiselle, comment ça va ? Pas trop secouée ? »

Me demanda-t-il d'un ton ironique :

« Non, ça va pour l'instant. Mais vous savez, j'ai plus l'habitude de conduire que de me faire conduire. Cela change. »

« Je n'en doute pas ! »

Nous ne nous attardions pas car il voulait pouvoir arriver sur le périphérique qui contourne Lyon avant midi et ses incontournables embouteillages ! Bizarrement, je me sentis un peu plus à l'aise en remontant dans le camion. José avait lui aussi l'air plus jovial et tout en redémarrant il se mit à siffloter au son de la radio un refrain de Michel Sardou « Être une femme ». Marius se cala contre la fenêtre tout en souriant et ferma les yeux. Il ne me restait plus qu'à en faire autant, essayant de trouver ma place entre mes deux acolytes !

Après avoir traversé Lyon sans trop de difficultés, nous avons pris la direction de Bourg-en-Bresse. Une fois celle-ci traversée, nous nous arrêtâmes pour un pique-nique improvisé sur le bord de la route à la sortie de la ville.

Pour autant nous ne nous attardions pas plus qu'à nos autres haltes reprenant notre chemin tout aussi vite. Il était aux alentours de 15 h lorsque nous franchissons le panneau du département de la Franche-Comté, ce que je fis remarquer à Marius. À cet instant précis et par pur hasard, je présume, José s'exclama :

« Il n'y a que des corbeaux dans ce pays ! Je n’en ai jamais vu autant. »

Je n’avais jamais vraiment prêté attention à ce genre de détail mais il est vrai qu’ils faisaient partie du décor et que là où nous posions notre regard ils étaient présents. J’en profitais pour m’imprégner de nouveau de ce paysage verdoyant où les forêts se déploient à perte de vue !

Dès lors, je savais qu’ils ne nous restaient à peu près que 2 heures de route pour arriver au bar. Je savais alors que mon mari serait là derrière son comptoir et que l’effet de surprise serait au rendez-vous. Je n’avais pas eu l’intention de le prévenir de mon arrivée.

Je ressentais une certaine appréhension à savoir quelle serait sa réaction lorsqu’il me verrait. Cela faisait plus de 6 mois que j’étais partie et je ne lui avais donné aucune nouvelle depuis.

Nous venions de nous garer sur le parking en face du Dol’ Art (nom de mon pub et celui de mon plus grand regret). À la vue de son entrée en forme d’arc et à la façade tout en pierre apparente, mon cœur se serra. Tant de souvenirs abritent ces murs ! Marius me prit la main tout en me murmurant :

« T’inquiètes pas, je suis là, ça va bien se passer, il n'y en a pas pour longtemps. »

Il avait ce don incroyable de ressentir mes moindres appréhensions. C’était inné chez lui. Je n’avais pas besoin de parler, il anticipait la plupart de mes réactions et avait toujours un temps d’avance sur ce que j’allais dire ou faire.

« Je sais mais ça me fait bizarre de revoir cet endroit. Il est à la fois ma fierté et mon échec. Je ressens un grand gâchis de ne pas avoir su préserver ce commerce avant tout et en même temps je suis heureuse d'avoir eu une expérience humaine exceptionnelle et hors du commun dans ce lieu. »

Les retrouvailles qui s'ensuivirent furent à la fois chargées d'émotions et de douleur mais elles me permirent de me conforter à l'idée que j'avais fait le bon choix.

Chapitre IV

Lorsque je franchis le seuil du pub, la première personne que je vis fut mon mari. Il était là face à la machine à café. Instinctivement, il se retourna comme s'il savait que c'était moi qui venais d'entrer. Son regard croisa le mien et je vis dans celui-ci une profonde tristesse. Son visage marqué portait le désarroi d'un homme brisé. Il poussa un soupir et d'une voix douce et résignée me dit :

« Te voilà enfin ! Je ne croyais jamais te revoir. Voilà plusieurs mois que tes parents et moi-même sommes dans l'inquiétude et l'incompréhension totale ! »

Je ne m'étais pas préparé à ce genre de réaction venant de sa part. J'avais plutôt opté pour la colère. Et j'avoue que cela m'aurait moins déstabilisée !

Tout en passant derrière le comptoir, je lui répondis :

« Je sais mais j'avais besoin de faire un break et de prendre le temps de réfléchir avant de refaire surface. J'avais besoin d'être loin d'ici pour pouvoir prendre le temps de réfléchir à mon avenir. Ce n'est pas évident de tirer un trait sur tout ce qui me rattache à toi et à cet endroit bien que ce soit moi qui ai pris la décision de partir. »

Entre-temps Marius et son père s'étaient installés à l'autre bout du comptoir, je leur demandais ce qu'il voulait boire. J'en profitais pour faire les présentations sans trop m'attarder sur la nature de nos relations et leur servis 2 pressions. Mon mari s'éloigna du comptoir et s'installa près de l'entrée, remuant son café d'un air penseur. Je le rejoins et prie le temps de m'asseoir près de lui.

« J'ai pris la décision de tout quitter. C'est une décision mûrement réfléchie et je ne reviendrais pas dessus. J'ai besoin de liberté, de vivre tout simplement ! Nous aurions dû nous rencontrer bien des années plus tard ! Je viens juste récupérer ma caravane au camping et en même temps je vais passer à la maison prendre le reste de mes affaires. »

Il prit mes mains dans les siennes et plongeant intensément son regard dans le mien il me dit :

« Alors c'est vraiment décidé ? Tu comptes définitivement quitter la région ta famille tout quoi ! »

Je baissais les yeux ayant du mal à soutenir son regard tant la culpabilité de le voir souffrir ainsi me faisait mal.

« Oui c'est le meilleur moyen pour moi de démarrer une nouvelle vie ailleurs loin de vous. »

Tout en disant ces mots, je gardais la tête baissée. Il me faisait de la peine car je ressentais la souffrance de son amour qu'il savait perdu à jamais. Je lui prit la main la serra fort contre moi et lui dit :

« Je ne peux pas faire plus Michel, je t'ai trouvé une compagne qui je sais t'accompagnera au mieux. Tu referas ta vie il faut juste laisser le temps au temps c'est le seul remède qui te permettra de guérir de tes blessures. »

À ces paroles, il eut un regain de vivacité et d'un air excédé me dit :

« Le seul remède comme tu dis c'est que tu reviennes à la réalité que tu reprennes ta place derrière ce foutu comptoir et surtout que tu arrêtes de faire ton enfant gâtée. »

« Tu vois c'est pour ce genre de raisonnement entre autres que je ne veux plus vivre comme ça. Si je ne le fais pas maintenant je ne le ferai peut-être jamais et je ne veux pas avoir à regretter un jour de ne pas avoir eu la force ni le courage de faire autre chose que de suivre le chemin qui m'est déjà tout tracé ! »

Sur ces dernières paroles, je me levais et avant même qu'il ne me réponde je lui dis ces derniers mots :

« Tu as été un mari parfait et je n'ai rien à te reprocher mais nous aurions dû nous connaître au moins dix ans plus tard. Je n'ai pas encore ta maturité ni ta sagesse et encore moins ta stabilité, je suis vraiment désolée. »

Je me tournais en direction de Marius qui avait les yeux rivés sur moi, il n'y avait pas besoin de parler. Ils se levèrent sans un mot, m'emboîtèrent le pas et nous repartions comme nous étions venus. J'ai compris alors que je venais de tourner la page sur un chapitre de ma vie. Je n'en étais pas plus à l'aise pour autant et une petite voix, mère culpabilité sans doute vint me chuchoter à l'oreille qu'un jour ou l'autre j'éprouverai sûrement les mêmes peines que celles que je venais d'infliger à mon mari.

Je repris place à l'avant du camion et me surpris à penser que le cours de notre vie était bien fragile car il ne fallait que quelques minutes pour en changer la destinée.

Quelle étrange sensation vous envahit lorsque vous vous rendez compte que vous venez de la bouleverser comme ça en un clin d'œil avec toute l'incertitude et le désarroi que cela peut entraîner ! Un silence pesant s'était installé entre nous comme si nous devions méditer sur ce qui venait de se passer. Cette fois-ci José n'alluma pas la radio comme il le faisait à chaque fois qu'il prenait le volant et Marius se cala comme à son habitude contre la fenêtre faisant mine de regarder le paysage.

Quelques kilomètres plus tard, nous sommes arrivés dans le petit village où j'habitais. Tout était calme et identique à l'image que j'en avais gardée 6 mois auparavant. Pas une âme ne foulait les ruelles que nous empruntions pour arriver à notre maison. Seuls les chats et les jappements des chiens derrière les portails nous rappelaient que celui-ci n'était pas déserté. Lorsque je montais les marches en pierre jusqu'à l'entrée je me dis que c'était la dernière fois que je le faisais et mère Culpabilité ne se fit pas prier pour s'inviter ! Je ne mis pas du temps à prendre mes affaires, tout était rangé à sa place comme si les choses n'avaient pas bougées depuis mon départ. Puis nous repartions en direction du camping récupérer ma caravane. Là non plus nous ne mettions pas du temps à ranger tout ce qui m'appartenait sur mon emplacement et attelions la caravane pour repartir tout aussi vite.

Lorsque je vis la manière dont il fallait s'y prendre pour accrocher celle-ci et manœuvrer entre les allées du camping, je pris pleinement conscience de la chance que j'avais à ce moment-là d'être épaulée par Marius et son père. Tracter une caravane de plus de 7 mètres de long n'est pas chose facile. Et là pour le coup José était vraiment l'homme de la situation. On voyait bien que cela faisait partie de leur vie et je me surpris à envier cet homme tout en me disant que le jour où je serais capable d'en faire autant, je serais devenu un sacré pilote ! Cependant plus nous nous éloignons plus j'avais la sensation qu'un grand vide s'installait en moi comme si mon passé s'écroulait tel un château de cartes.

Mais je n'eus pas le temps de m'apitoyer bien longtemps sur mon sort. José accapara toute mon attention en me demandant de lui lire tous les panneaux pouvant nous permettre de trouver des « Emmaüs » ou des brocantes dans chaque ville ou village que nous traversions. Je compris alors qu'il ne savait ni lire ni écrire bien que quelques détails avant-coureurs m'avaient mis la puce à l'oreille j'en restais cependant sidérée. En fait, j'étais désarçonné par sa manière si naturelle de me l'avoir fait comprendre ! Et là, une question tout aussi incongrue que ce que je venais de découvrir me traversa l'esprit : en était-il de même pour son fils ? Mais je n'eus pas le temps d'y réfléchir car son père, avec désinvolture, partit dans des explications sans fin sur ces régions idéales pour dénicher toutes sortes de petits meubles à restaurer.

Après de nombreuses brocantes visitées sans parler de tous les autres lieux qui pouvaient stocker autant d'anciennetés que de babioles en tout genre, je fus étonné du plaisir que je prenais à les accompagner. Lorsque son père me brandissait des objets complètement insolites et qu'il voyait s'afficher sur mon visage mon incompréhension devant de telles vieilleries, il rigolait et essayait de me convaincre qu'il les revendrait sans problème après leur avoir redonné une nouvelle jeunesse ! Marius prenait plaisir à voir mon air ahuri lorsque son père repartait avec tel ou tel objet plus improbable les uns que les autres ! Je ne pouvais m'empêcher de lui demander s'il était bien certain de pouvoir les revendre ! J'avoue qu'à chaque fois que je lui posais cette question, Dieu sait qu'il l'a entendu un bon nombre de fois ! Il m'expliquait patiemment que pour chaque pièce qui était dans ce camion il avait le client pour. Je commençais alors à voir cet homme différemment. Il avait cette assurance et cet aplomb quand il parlait affaires qui lui permettait de toujours tirer le meilleur prix de tel objet ou de tel meuble qu'il avait décidé d'acheter ! Je ne me rappelle plus combien d'arrêts nous avons faits dans tous ces endroits où le temps s'était semble-t-il arrêté mais la journée qu'il s'était donné pour finir de remplir le camion fut largement suffisante.

La nuit venait de tomber et satisfait de lui il nous lança d'un ton jovial : Eh bien les enfants nous n'avons pas perdu notre temps ! Je redescends avec de quoi amortir largement ce voyage. Pour le coup ils ne nous reste plus qu'à trouver un restaurant sympa et c'est moi qui régale ce soir après on dormira dans le camping (chez eux, c'est le nom qu'il donne aux caravanes) car demain matin il y a encore pas mal de route à faire. C'était non négociable ! Il en avait décidé ainsi et il n' avait rien à redire !

Cette nuit-là, je ne fermais quasiment pas les yeux bien qu'ils m'aient laissé ma chambre et qu'ils dormaient sur les canapés. Au moindre bruit, je me demandais ce qui se passait ! Au petit matin, on frappa à la porte de ma chambre et j'entendis la voix de José qui me demandait de me lever. Je ne me le fis pas répéter deux fois et sautais hors du lit sans attendre. Je regardais à travers les rideaux de ma fenêtre, l'aube pointait le bout de son nez, je m'empressais alors de les rejoindre. Je préparais à la hâte 3 cafés que nous buvions au coin de la table sans un mot laissant le charme apaisant de cette pénombre nous entourait finissant peu à peu de nous réveiller. Lorsque cette fois-ci nous reprenions la route, il n'était plus question de s'arrêter à tel ou tel endroit. Le camion était plein jusqu'à ses moindres recoins et il était temps de rentrer. Il n'y avait plus de temps à perdre. Nous en étions à notre troisième jour d'escapade et le lendemain chacun d'entre nous devait retourner à ses activités réciproques. Quand je vis enfin Arles, la majestueuse, se profiler au loin, je fus à la fois soulagée et satisfaite. Le voyage c'était beaucoup mieux passé que je ne me l'étais imaginé et je me sentais enfin prête à aller de l'avant. Pourtant il ne fallut pas plus de 5 minutes à José pour briser mon engouement !

« Dis-moi, maintenant que nous sommes arrivés, je le dépose où, ton camping ? »

Je le regardais d'un air ahuri et là, je prenais pleinement conscience que je ne m'étais même pas posé la question une seule seconde à savoir où j'allais le mettre en arrivant ! Marius vint aussitôt à ma rescousse. À ma tête déconfite, il avait vite compris que je ne m'en étais absolument pas occupé et que pour l'heure je n'avais aucun emplacement pour celle-ci !

« Elle n'a pas encore fait tout le tour des campings aux alentours d'Arles qui ont des places à l'année alors tu as qu'à la stationner pour quelques jours sur le grand parking à la sortie de la ville direction Avignon après elle avisera. »

« OK mais tu sais très bien qu'elle ne peut pas stationner plus de quelques jours après la police va la déloger. À mon avis mademoiselle il va falloir faire vite pour trouver quelque chose ! »

J'en étais sans voix. Comment avais-je pu oublier un détail aussi important avant même de la ramener jusqu'ici ? Je m'en voulais tellement que j'eus bien du mal à contenir la colère qui montait en moi ! D'une voix la plus désinvolte possible, je lui répondis :

« Votre fils à raison je vais reprendre mes recherches dès demain pour trouver un emplacement. En attendant, je serai très bien sur ce parking. »

Il ne leur fallut pas plus de 10 min pour installer ma caravane du côté le plus ombragé du parking me la stabilisant au mieux en descendant les béquilles de manière identique de chaque côté de façon que celle-ci soit bien de niveau. Mais il restait encore un détail à régler, il me fallait aller chercher ma voiture qui était au restaurant.

« Je vous remercie mais est-ce qu'il est possible de me ramener jusqu'à Beauduc pour récupérer ma voiture ? Je préfère dormir ici ce soir et après j'aviserai. »

« Allez en route ! Le plus gros est fait mais comme je te l'ai dit le plus urgent pour toi maintenant et de vite trouver un autre endroit ! »

Lorsque je fus de retour à ma caravane, la nuit venait de tomber. Je n'avais pas d'électricité juste de l'eau froide dans mes réserves de jerrican pour l'essentiel. Je trouvai à tâtons ma lampe torche que je laissais toujours accrochée à mon entrée, fis une toilette de chat et me couchais au plus vite. Le lendemain matin j'étais encore plus fatiguée moralement que physiquement malgré tous ces kilomètres parcourus.

Ce voyage avait permis à José et moi-même de faire un peu plus connaissance. Nous avions 2 caractères forts et malgré nos différends et nos différences beaucoup de similitudes apparaissaient . De ce fait, ils s'en suivirent des relations chaotiques qui durèrent plus de dix ans.

Si je devais résumé ou plutôt faire une analyse sur cet homme que j'ai côtoyé durant toutes ces années alors je dirais que le l'ai autant aimé que hais ! Durant tout ce temps, il a été pour moi un père, un protecteur alors que j'étais en froid avec mes parents. Il a su m'accorder sa confiance et pallier toutes nos différences dans notre façon de voir la vie tout en me laissant l'opportunité de partager la leur peu de temps après. Lorsque j'ai été en conflit avec son fils, il a su trouver les mots pour apaiser nos tensions, nos incompréhensions mutuelles. Petit à petit, il m'a fait une place au milieu de leur communauté m'appelant « ma fille » comme si j'avais toujours fait partie de leur vie.

Mais pour en arriver là, il a fallu un élément déclencheur qui m'a permis d'intégrer leur campement et sans celui-ci cela ne se serait jamais produit…

Je faisais mes allers-retours Beauduc-Arles depuis plus d'une dizaine de jours lorsqu'un beau matin je vis un camion de gendarmerie se garer près de ma voiture. Je compris immédiatement qu'ils venaient pour me demander de quitter les lieux. Entre-temps, j'avais fait le tour de tous les campings aux alentours jusqu'en direction des Saintes-Maries-de-la-Mer, aucune place à l'année n'était disponible. Ils frappèrent à ma porte attendant patiemment que je vienne leur ouvrir :

« Bonjour, Mademoiselle, cette caravane vous appartient ? »

« Bonjour oui c'est bien la mienne je suppose que vous voulez voir ma carte grise ? »

« Oui, en effet. Cela fait déjà pas mal de temps que vous stationnez ici et je suppose que vous savez qu'il n'est pas possible de rester indéfiniment ici. C'est un lieu de stationnement et non un lieu de résidence. »

« Je sais tout cela. Je vous demande juste de me permettre de rester ici jusqu'à ce dimanche, je suis en attente d'une place et je serais partie d'ici là. »

« Très bien, tout est en règle. Nous passerons ce dimanche et je compte bien ne plus vous voir ici. »

« Je vous remercie, vous pouvez compter sur moi je ne serais plus-là ! »

Ils finirent de faire le tour du parking et repartirent comme ils étaient venus. Pour le coup, j'étais anéantie ! Je n'avais aucun endroit où aller. Au restaurant il n'y avait pas la place en dehors de l'espace dédié à l'établissement et il était formellement interdit de stationner à long terme pour qui que ce soit ! Cet événement se produit un vendredi, je m'en souviens parfaitement car je m'étais dit que dans mon malheur, j'aurais au moins la chance ce soir-là de me changer les idées grâce au travail et la soirée flamenco à venir. Je n'avais aucune solution et je savais très bien que s'il me prenait l'idée de me focaliser sur ce problème en quelques minutes la panique allait m'envahir et pour le coup je serais incapable d'aller travailler. Je respirais un grand coup et pensais à Los Rumberos, le groupe qui devait venir ce soir au complet jouer. La salle de restauration était réservée en totalité pour un bus touristique.

Je montais dans ma voiture le moral en berne. Pourtant je n'eus pas le temps de voir la journée passée et lorsqu'en début de soirée Marius arriva, cela me mit du baume au cœur !

« Salut Bella ! Tu m'as bien l'air triste ce soir ! Ce n'est pas le moment crois moi on est parti pour une nuit de folie et regarde qui est avec nous. »

M'approchant pour leur dire bonjour, je sentis une main s'accrocher à mon bras et j'entendis ces mots :

« Bonjour toi ! Tu es bien Sam ? Contente de te connaître. Mon père nous a parlé de toi ces derniers jours. »

Je baissais les yeux pour voir d'où venait cette petite voix et à mon grand étonnement je vis le visage souriant de Germaine, la petite sœur de Marius qui était venue danser pour l'occasion. C'était vraiment une belle surprise et un peu désarmée par ce qu'elle venait de me dire je lui répondis :

« Oui c'est bien moi j'espère qu'il n'a pas était trop dur dans ses propos ! »

Avec un regard plein de malice, elle me répondit :

« Non ne t'inquiète pas autrement je ne t'en aurai pas parlé ! »

Et de son petit air espiègle elle me colla un bisou furtif sur la joue se dépêchant de rejoindre les autres. C'était un petit bout de femme étonnant. Elle avait la grâce typique des Tziganes et cet air bon enfant qu'on tous les gosses de son âge. Ses yeux pétillaient de vie et avaient cette curiosité sans limite sur notre monde si différent du leur. Mais une fois que le compas des guitares donna le rythme, elle fut comme en transe et fit bloc avec eux oubliant tout ce qui pouvait l'entourer. Si je devais résumer cette soirée, je dirais tout simplement que la musique et la danse vivent à travers ce peuple nourrissant leur âme et leur corps.

Cette nuit-là, comme la précédente où Germaine était venue danser, ils ne s'attardèrent pas. Il était hors de question de trop faire veiller leur mère qui attendait leur retour.

Tout en me serrant dans ses bras, Marius me dit :

« Demain soir nous aurons plus de temps pour nous et j'espère que cet air triste se sera envolé ! Sinon il va falloir que tu me donnes des explications. »

« Malheureusement, je pense qu'il en sera de même demain soir mais on en reparlera. Pour l'heure, ramène Germaine, ta mère ne doit toujours pas dormir et il est déjà tard. »

« Crois-moi, elle est toujours bien réveillée et tant qu'elle ne la verra pas passer la porte du camping, elle veillera ! Par contre, toi, essaye de dormir un peu, Bella. »

Le lendemain matin fut aussi déprimant que la couleur du ciel que je voyais pointer à travers mes rideaux. Il avait plu toute la nuit et ces pluies d'été étaient aussi étouffantes que l'état de mon moral ! Le réveil sonnait sans discontinue et bien qu'étant réveillée je n'avais ni l'envie ni le courage de me lever et encore moins de l'éteindre. Inconsciemment je savais qu'il allait de nouveau falloir réfléchir à mon problème d'emplacement et je me sentais déjà déprimé avant même d'avoir posé les pieds hors du lit ! Je savais d'avance que c'était peine perdue qu'il n'y avait aucune solution. La seule chose envisageable était de louer une place pour une quinzaine de jours comme l'aurait fait n'importe quel touriste en vacances et bien sûr payer le prix fort. Ce ne serait que du provisoire et s'il y a bien une chose que je ne supportais pas et que je ne supporte toujours pas c'est d'être dans l'incertitude. La journée fut aussi morose que mon humeur et même l'enthousiasme de la patronne qui avait fait une belle recette la veille ne réussit pas à chasser mon mal-être. Nous étions samedi et le lendemain je devais enlever ma caravane. Bien que je pouvais moi-même tracter ma caravane, je m'en sentais pourtant incapable ! C'était la déprime totale et de voir tout le monde autour de moi souriant et heureux de vivre m'énervait au plus haut point ! Je n'avais qu'une envie… faire comme les autruches me mettre la tête dans le sable et ne plus rien voir.

Pourtant, un fait inattendu me permit de ne pas finir cette journée en dépression.

Le service du midi venait de se terminer et j'étais soulagé de rentrer me reposer ne voulant plus voir ni entendre personne mais il n'en fut rien. En arrivant devant le pas de ma porte, quelle ne fut pas ma surprise de voir

Marius, assis là sur mon cale-pied, en train de fumer une cigarette ! Malgré ma mauvaise humeur, je ne pus m'empêcher de sourire :

« Alors toi tu as le don d'apparaître à chaque fois que l'on s'y attend le moins ! C'est incroyable. »

« Tu vas t'y habituer, tu verras. On est comme le vent imprévisible et on est toujours là où on nous y attend le moins ! Je dois me rendre à Avignon cet après-midi et j'en ai profité pour faire un petit détour car j'ai bien senti que ça n'allait pas. Qu'est-ce qui se passe ? »

« Vous aviez raison, toi et ton père. La gendarmerie est passée et j'ai jusqu'à demain pour quitter les lieux ! Et pour aller où ? Il ne me reste que cet après-midi pour trouver un emplacement en camping en mode touriste le temps de me retourner. C'est pas gagné crois-moi. »

« Écoute-moi pour ton camping on trouvera toujours une solution ça c'est pas grave ! Laisse-moi juste le temps de faire mon aller-retour à Avignon et je pense pouvoir régler ton problème. Toi, en attendant, essais de trouver une place comme tu dis en mode touriste au cas où, mais normalement j'ai la solution. »

« Comment ça tu as la solution ? »

« Pour l'instant, fais ce que je te dis. Si je ne peux pas repasser avant ce soir ne t'inquiètes pas j'aurai réglé ton problème d'une manière ou d'une autre et demain promis tu sauras où aller. »

Je n'étais vraiment pas convaincue par ce qu'il venait de me dire. Je ne comprenais pas comment il allait pouvoir m'aider en si peu de temps ! Je voulais qu'il m'explique ce qu'il avait derrière la tête mais il était déjà remonté dans sa voiture et d'un air tout aussi malicieux que celui de sa sœur il me dit en riant :

« Fais-moi confiance de toute manière tu n'as pas vraiment le choix ! »

Malgré tout, il m'avait redonné un peu d'espoir et après une douche et un mini relooking je prenais ma voiture en comptant bien faire tous les campings des alentours.

Cette fin d'après-midi fut aussi épuisante tant sur le plan physique que moral. Les journées étaient de plus en plus chaudes et cela demandait beaucoup d'énergie de se déplacer sous cette canicule. Mais cela n'avait pas été en vain j'avais trouvé une place et devait confirmer ma réservation le lendemain matin en attendant de voir ce qu'avait Marius de mieux à me proposer. Il ne me restait que 2 heures devant moi avant de reprendre mon service. J'étais fatiguée mais satisfaite, me consolant à l'idée que même si la proposition qu'il me ferait ne me conviendrait pas, je pourrais toujours voir venir les 2 semaines suivantes !

Lorsque je le vis franchir le seuil de la porte, je fus soulagée l'ayant attendu comme le Messie ! J'espérais qu'il allait venir directement me parler mais à mon grand étonnement il n'en fit rien ! Et comme à son habitude il me lança un :

« Hello Bella, la forme ce soir ? »

Il avait le chic de m'étonner mais aussi de m'énerver je ne pus m'empêcher de lui répondre d'un ton agacé :

« Non pas vraiment mais j'attends, je l'espère une bonne nouvelle de ta part ! »

« Alors je pense que tu peux déjà te réjouir car je suis comme le père Noël et ce soir il t'a amené un cadeau ! »

« J'ai hâte alors de l'ouvrir. »

« Patience Bella, on en reparle tout à l'heure, pour l'instant, place au spectacle ! »

J'avoue n'avoir jamais eu trop de patience mais là, c'était la goutte d'eau qui faisait déborder le vase ! Je me foutais complètement du spectacle à venir car c'était de moi dont il s'agissait et du risque de me retrouver SDF dans peu de temps ! Encore une fois, je me retrouvais impuissante devant lui, n'ayant pas la mise pour sur-enrichir. Je devrais attendre que cette satanée soirée se termine avant d'avoir des réponses. Il se comportait tel que son père : les choses étaient dites c'était ainsi point à la ligne ! Je cherchais du regard où il pouvait bien être, espérant en savoir un peu plus. Mais Il était déjà en train de se préparer avec Bégot au fond de la grande salle comme si de rien n'était. Je partais derrière mes fourneaux d'une humeur massacrante ayant bien du mal à me contenir pour ne pas tout envoyer balader.

Ce soir-là, j'avais décidé de boycotter les garçons et de rester dans ma cuisine sans aller les voir une seule fois ! Je me disais que la soirée passerait plus vite et je me concentrais sur mon travail. Cela ne me débarrassa pas pour autant de ma mauvaise humeur et plus le temps passait plus je m'énervais contre cette fichue pendule qui n'avançait pas !

J'étais plongée dans mes menus de la semaine à venir lorsque je sentis une présence derrière moi. Je me retournais, pensant voir l'un des serveurs qui venait récupérer les derniers desserts en attente. Mais il n'en était rien. Marius était là, me regardant d'un air amusé, un verre à la main :

« Eh bien, Bella, tu n'es pas curieuse de savoir ce que t'a amené le père Noël ? »

« Tu te fiches de moi j'espère ! Cela fait des heures que j'attends et la patience et moi on ne fait pas bon ménage. »

« Tu n'as pas besoin de le préciser, je l'avais remarqué. En même temps il faudrait être aveugle pour ne pas le voir ! Mais je ne te ferais pas plus attendre. Lorsque je suis rentré cet après-midi, je suis directement allé voir mon père. Je lui ai expliqué ton problème et lui ai demandé s'il était d'accord pour que tu viennes t'installer temporairement chez nous. »

Je le regardais complètement ahurie par ce que je venais d'entendre et ne pus m'empêcher de partir d'un éclat de rire :

« Tu plaisantes ? Tu es en train de me dire que tu as osé demander à ton père si je pouvais venir avec ma caravane dans votre camp ? »

« Oui enfin pour faire court c'est ça. Je vais te passer les détails où il a fallu négocier un bon moment sur le fait que tu n'étais pas des nôtres que l'on ne te connaît pas plus que ça… etc., etc. »

« Stop ! je ne veux pas en entendre plus je m'imagine bien que la discussion a dû être mouvementée. »

« C'est rien de le dire mais je connais bien mon père et si je l'ai fait c'est que je savais qu'il y avait de grandes chances pour qu'il accepte. »

« Alors là, je ne sais pas quoi te dire ! et ta mère qu'est-ce qu'elle en a pensé ? »

« Elle était présente lorsque j'en ai parlé et pour elle, s'il donne son accord, elle suit. Enfin pas tout à fait si cela ne lui avait pas plu, elle aurait donné ses arguments à mon père et là, c'était grillé pour toi ! Mais ça ne lui a pas posé de problème, elle était même contente de pouvoir enfin te rencontrer car ma petite sœur a fait sa pipelette et elle, pour la faire taire, c'est une autre paire de manches ! »

« Sincèrement, je n'aurai jamais cru qu'une chose pareille puisse arriver. Cela ne m'a même pas effleuré l'esprit ! »

« Alors tu acceptes de venir voir comment ça se passe chez nous ? »

« Quelle question ! bien sûr que j'accepte une chance pareille ne se reproduira jamais. »

« Et bien ça au moins le mérite d'être clair mais surtout celui de te faire plaisir. »

Finissant son verre cul sec d'un air satisfait il me dit :

« C'est une bonne chose de réglée pour le reste si tu veux on finit de dire au revoir à tout le monde et on se retrouve dans ton débarras je t'expliquerai pour demain. »

« OK, j'ai encore deux ou trois choses à finir ici et j'arrive. La porte n'est pas fermée à clef, installez-vous, je n'en ai pas pour longtemps. »

Tant de choses se bousculaient dans ma tête que je ne savais plus où j'en étais. Il y avait encore quelques minutes, j'étais à la limite de la dépression et là en quelques secondes je passais au stade de l'euphorie. Je ne mis pas de temps à finir de ranger mon plan de travail, trop pressée d'en savoir plus. Lorsque j'arrivais, Marius était en train de préparer le café. À mon grand étonnement, Bégot n'était pas là :

« Il est où notre clown de service ? »

« T'inquiètes pas, il est allé chercher quelque chose que j'aie oublié au restaurant. »

Je m'affalais sur ma banquette, lâchant prise. Que c'était bon de ne plus avoir cette boule au ventre !

Après le vacarme incessant de la soirée, j'appréciais le calme qui régnait autour de nous. Marius avait posé sa tête contre un coussin et semblait loin d'ici. J'en fis tout autant et fermai les yeux en savourant ce moment de tranquillité. Mais cela ne dura pas longtemps un bruit de chute brisa cet instant suivit d'un juron à la Bégot ! La porte s'ouvrit sur 2 mains tendues en l'air et d'un air triomphant il cria :

« Eh bien un peu plus le champagne, il fallait le boire à quatre pattes ! Heureusement que les coupes sont en plastique ! »

Je ne comprenais pas de quoi il voulait parler, mais de le voir là, accroupi devant l'entrée, déclencha chez Marius et moi un fou rire tout aussi magistral que son allure dépitée. Une fois que le calme revenu Marius m'expliqua :

« Je lui ai demandé d'aller chercher une bouteille de champagne pour fêter ton arrivée chez nous. Mais avec lui on n'est jamais sûr de rien.

« Heureusement que tu ne l'as pas cassée, sinon tu en étais de ta poche ! »

« C'est bien pour ça que j'ai tout fait pour qu'elle arrive en entier même si mes genoux ont dû payer le prix fort. »

« Allez viens poser tes fesses par-là que l'on puisse trinquer à la nouvelle venue. Mais on ne s'éternise pas car demain vers midi ou plutôt tout à l'heure vers les midi on se retrouve au parking. Mon père viendra tracter ta caravane jusque chez nous. »

« Tchin tchin et mille mercis pour tout ce que tu fais pour moi je n'oublierai pas. »

« Rien n'est redevable chez nous si on le fait c'est de bon cœur en revanche la seule règle : c'est de ne pas nous décevoir. »

Chapitre V

Mon arrivée dans le camp ne passa pas inaperçue, c'est le moins que l'on puisse dire ! Dès les grosses pierres passées qui délimitent l'entrée du campement, la communauté savait que le petit convoi qui arrivait n'était pas des leurs. Nous nous faufilions au beau milieu des caravanes et au fur et à mesure que l'on avançait les portes des campings s'ouvraient ainsi que les rideaux des fenêtres. Des enfants s'empressèrent de venir autour de nous tandis que des femmes plus en retrait restaient sur leur pas de porte curieuses de la suite des évènements. Il en fut ainsi tout au long de notre traversée. La famille de Marius était installée près des anciennes boucheries désaffectées, proche de la deuxième entrée où l'on ne pouvait accéder qu'à pied. Je roulais au pas ayant peur de toucher ou renverser un enfant tellement il y en avait tout autour de nous lorsque soudain j'entendis un long sifflement. Intriguée j'essayais d'entendre d'où il provenait et compris que c'était du camion qui tractait ma caravane. Sur le coup j'étais incapable de savoir s'il provenait de Marius ou de son père. C'était un sifflement long et régulier. J'appris à différencier par la suite chaque sifflement bien distinct les uns des autres correspondant à chacune des familles vivant ici. Cela permettait de prévenir les autres membres de la communauté que la ou les personnes qui étaient arrivées ou bien celles qui étaient déjà présentes faisaient bien partie du clan. Aussitôt le signal donné, plusieurs hommes sortirent des caravanes là où nous nous étions arrêtés. Ils étaient jeunes et je sus sans hésitation qu'il s'agissait des frères de Marius. Le premier qui s'approcha de nous était grand aux longs cheveux noirs et avait cette même finesse de visage que lui. On ne pouvait pas se tromper bien que celui-lui était beaucoup plus grand que les autres. Le second qui arriva de l'autre côté du camion avait les cheveux ondulés et châtains et était de plus petite taille. Ils discutèrent un moment, adossés au camion. J'en profitais alors pour descendre de ma voiture. Marius en fit de même et me présenta à ses frères. Il m'expliqua qu'ils avaient décidé d'installer ma caravane entre celle de Marius et celle de Fon, celui qui était le plus grand. L'emplacement était ombragé et juste en face de celui de ses parents. Je garais ma voiture devant ma porte le temps de pouvoir décharger mes affaires. Les bras chargés de 2 cartons, je relevais la tête pour mieux voir où je mettais les pieds et là, je vis en face de moi une femme adossée à la porte de son camping qui me fixait d'un air amusé. Sans la connaître, je sus qui elle était. Elle était petite avec une chevelure noire magnifique et des yeux marrons foncés pétillants de malice, je compris alors d'où venait celui de Marius et sa jeune sœur ! Elle avait un charme indéniable en plus de cette beauté sauvage. Lorsqu'elle s'approcha de moi, je compris qu'une fois encore comme l'avait fait son père j'aurai le droit à ce regard inquisiteur ! Mais il n'en fut rien. Elle fit le tour de la voiture et prit mes mains dans les siennes en me disant :

« Bonjour ! Alors voilà celle qui a emmené mes hommes dans les montagnes ! »

« Oui c'est bien moi bonjour je suis Sam. »

« Je sais je sais Péquilico m'a déjà parlé de toi j'attendais juste de te voir. »

Marius c'était rapproché et voyant que je ne comprenais pas de qui elle voulait parlait il se mit à rire :

« Ma si tu ne lui dis pas que c'est de Germaine que tu parles elle ne va pas comprendre ! »

« Péquilico c'est Péquilico. Bienvenue ma fille, installe-toi tranquillement on se reverra. »

Ce fut notre premier contact. Par la suite elle me guida dans leur quotidien beaucoup plus codifié que ce que je ne pouvais imaginer ! Chaque personne dans la communauté avait son rôle et ses tâches attribués. Le respect des anciens et des enfants était sacré, sans limites et surtout une des règles à ne jamais oublier !

Mais ce qui m'a le plus impressionné chez elle est sans aucun doute sa force de caractère c'est cette manière de faire attention à chacune des personnes qui vivaient autour d'elle même si parfois sa curiosité et son rôle protecteur prenaient un peu trop le dessus. Elle était le centre de la famille, gérant ses fils, mais aussi ses belles-filles ou ses beaux-fils, et bien souvent, chaque décisions prises étaient passées par son consentement ! Ce qui me valut par la suite quelques petits désagréments que j'appris à minimiser à chaque fois au plus vite car j'appris à mes dépens que cela finissait systématiquement en dispute avec son fils ou son mari ! Même si José était le patriarche pour tout ce qui concerne le travail, l'argent, les affaires, et que rien n'était fait sans son accord, en revanche, tout ce qui touchait à la famille passait par Jane et toutes décisions prises par elle étaient irrévocables ! Même lui ne s'aventurait pas sur ce chemin dans l'espoir de la faire changer d'avis sachant que la foudre s'abattant sur un arbre n'était rien à côté de la colère que pouvait provoquer un désaccord avec elle !

Je venais à peine de rentrer dans ma caravane lorsque j'entendis derrière moi une voix que je reconnus immédiatement :

« Salut Sam alors c'est bien vrai tu viens habiter avec nous !? »

« Coucou alors c'est toi Péquilico ? »

« Oui, tu verras ici on a tous des surnoms tu t'y feras. »

« Eh bien, j'espère que tout va bien se passer. Pour l'instant, il faut juste que j'arrive à mettre un peu d'ordre dans mes affaires. »

Sur ces entre-faits, Marius vint nous rejoindre et prenant sa sœur dans les bras il lui dit :

« Allez laisse-là arriver tu la reverras tout à l'heure, occupe-toi plutôt de tous ces curieux. »

Je n'avais pas prêté attention à ce qui se passait dehors mais tous les enfants que j'avais croisés en arrivant étaient là, agglutinés autour du camping, essayant d'avoir le plus d'informations possible sur cette « paille » qui venait d'arriver. Germaine eut vite fait de les éparpiller en quelques mots que je ne compris absolument pas mais qui firent leurs effets !

« Si tu as besoin de quelque chose, je suis dans le camping à côté de toi. En attendant, je vais tirer l'électricité pour que tu puisses avoir de la lumière. »

Mais aussitôt reparti, il revint sur ses pas et me dit :

« Ah oui j'allais oublier ce soir on mange tous ensemble. Tu vois les grandes tables dehors et bien c'est là que nous prenons tous nos repas ensemble. »

Et encore une fois comme une évidence les choses étaient posées, il n'y avait rien à redire.

Une fois que toutes mes affaires furent à l'intérieur, je fermais ma porte espérant un peu de tranquillité. Je me rapprochais d'une de mes fenêtres et pris enfin le temps de voir ce qui se passait autour de moi. Le camion du père à Marius n'était plus là ni les garçons. Sa mère avait dû rentrer chez elle car il ni avait plus personne devant la porte de son camping. J'eus alors cette impression bizarre de me retrouver dans un autre monde où tout simplement à une autre époque. À côté de la caravane de ses parents était aménagé un coin cuisine en plein air avec une cuisinière à gaz et tous les effets dont on a besoin pour cuisiner.

J'appris par la suite que l'on ne cuisinait jamais dans un camping à cause des odeurs principalement. Et en moins d'une semaine, je n'échappais pas à la règle. Mon petit coin-cuisine dans ma caravane ne me servit plus alors qu'à faire mon café ou à faire chauffer l'eau pour me laver enfin tout ce qui ne risquait pas de salir l'intérieur de celle-ci. Mais le plus incroyable dans tout ceci et ce qui me sidéra et le mot n'est pas exagéré se fut de voir sa mère laver le linge à la main dans d'immenses bassines et croyait moi c'était tout un art ! Non seulement elle lavait le sien mais aussi celui de ses fils et lorsque je la voyais étendre celui-ci j'étais impressionné par sa propreté et « mère Denis dans la fameuse pub télévisée » était loin de lui arriver à la cheville ! Mais je vous reparlerai plus tard de mon initiation au lavage à la main, croyez-moi, il vaut le détour !

Pour l'heure il me fallait prendre mes repères et arriver à m'orienter dans le camp. Bien que je savais que nous étions installés à l'autre bout de celui-ci, je n'arrivais pas à me situer par rapport à la grande route qui le longeait. Il y avait bien ces bâtiments contre lesquels se trouvait la plus longue rangée de caravanes mais vu leurs importances ils me cachaient toute la partie côté ville et je n'arrivais pas à me situer. Je savais que c'étaient les anciennes boucheries. Si je vous parle de celles-ci, c'est qu'elles faisaient partie intégrante de leur vie.

Plus tard, je compris que pour avoir un peu plus de place et de fraîcheur Jane sa mère avait aménagé leur chambre dans ce lieu. Lorsque je rentrais pour la première fois à l'intérieur de cet endroit, je le comparaît tel un immense frigo ! Il y avait encore les crochets et les anneaux de boucher fixés au mur et les rigoles délimitant le bord du sol où devait s'écouler l'eau auparavant : c'était impressionnant. Mais le plus surprenant dans tout cela est qu'elle avait su aménager avec goût cet espace de vie. Il y avait un coin chambre avec un grand lit et un peu plus en retrait, une grande table et un petit coin cuisine pour pouvoir manger lorsqu'il faisait trop chaud à l'extérieur. Il ne faut pas oublier que les gens du voyage vivent les trois quarts du temps à l'extérieur des campings. Ceux-ci servent principalement à dormir et ranger leurs effets personnels.

Une fois ma visite des lieux achevée, je rentrais chez moi. Tout était si différent de mon mode de vie que je me sentais complètement perdue. Je n'osais pas ressortir de ma caravane de peur d'attirer l'attention de toute la communauté. Je préférais attendre que Marius refasse son apparition pour pointer le bout de mon nez hors de ma caravane. J'avais un tas de questions à lui poser toutes plus importantes les unes que les autres et j'espérais alors de tout cœur le voir réapparaître avant l'heure du souper. Lorsqu'on frappa à ma porte je sursautais surprise de m'être assoupie. Je ne savais pas du tout qu'elle heure il pouvait bien être. Tout en allant ouvrir, je m'aperçus que le soleil n'allait pas tarder à tirer sa révérence . A ma grande surprise je me trouvais devant une jeune femme d'une vingtaine d'années aux cheveux mi-longs avec de grands yeux en amande et un sourire en coin. Je compris immédiatement qu'elle non plus ne faisait pas partie de leur communauté. Déstabilisée par cette découverte, je restais là les bras ballants ne sachant pas quoi dire. S'apercevant de mon incrédulité elle prit le parti d'en rire et me demanda d'un petit air moqueur :

« Bonjour tu comptes que l'on fasse les présentations sur ton marchepied ou bien à l'intérieur ? »

Une fois la surprise passée, je me dépêchais de lui laisser place.

« Je suis désolée, rentre bien sûr, je m'attendais à voir Marius. »

« J'ai bien compris que tu ne t'attendais pas à me voir et encore moins de surcroît une paille. »

J'étais vraiment mal à l'aise de voir qu'elle avait pu lire aussi facilement dans mon esprit. J'essayais de m'expliquer du mieux que je pus :

« C'est vrai, je ne pensais absolument pas qu'il pouvait y avoir d'autres personnes, autres que de chez eux. »

« Ça, j'avais bien compris. »

Et tout en s'asseyant, elle fit les présentations :

« Je m'appelle Isabelle et je vis avec Antoine, un des frères de Marius depuis 3 ans. Tu as dû le voir tout à l'heure quand tu es arrivée. Nous n'avons pas d'enfant mais moi, j'ai un fils de 5 ans qui vit la plupart du temps chez mes parents. Je préfère le prendre que pour les vacances et les week-ends. Et toi comment es-tu arrivée parmi nous ? »

« C'est une longue histoire mais pour faire court, ayant récupéré ma caravane et n'ayant pas d'emplacement, Marius m'a proposé de m'installer ici le temps de voir venir. »

« Je comprends. Tu verras que les choses sont complètement différentes ici. »

Et d'un air qui imposait la confidence, elle me dit :

« Si je peux te donner un petit conseil si tu veux que tout se passe le mieux possible, moins tu t'occuperas des autres mieux tu t'en porteras. Crois-moi c'est la meilleure façon de passer inaperçu et d'être tranquille. Enfin presque, car avec Jane, c'est difficile, voire impossible ! Même si tu vis avec l'un de ses fils, elle restera toujours la personne à qui ils demanderont conseil en premier avant moi, toi ou une tout autre personne. »

Puis elle stoppa net son élan, comme si elle en avait déjà trop dit :

« Mais je ne veux pas t'alarmer, tu auras tout le temps de te faire ta propre idée. En attendant je suis contente de ta venue, cela va me faire du bien de pouvoir discuter avec une personne autre que celles qui habitent ici. »

« Je te remercie de ta confiance et de tes conseils car c'est vrai que c'est un sacré changement de vie. Je pense que ça ne va pas être facile c'est sûr. Mais je ne vis pas avec Marius. Nous avons chacun notre propre caravane, ce n'est pas la même chose. »

Elle partit d'un éclat de rire en me disant :

« Où tu es naïve, où tu ne vois pas plus loin que le bout de ton nez ! Dis-toi bien que si Marius t'a amené jusqu'ici c'est qu'il a des vues sur toi et tu verras que dans peu du temps vous vivrez ensemble ! »

Je la regardais d'un air ahuri comme si ce que je venais d'entendre était complètement irrationnel. Cependant, la clairvoyance de son discours m'apparut, soudain, comme une évidence et me fit peur. Jusque-là, j'avais pris la démarche de Marius comme un service rendu sans m'imaginer le moins du monde que cela puisse être pour une tout autre raison. Mais je restais sur ma première impression que ce n'était qu'un service rendu et me réconfortait à l'idée qu'elle pouvait se tromper. J'essayais alors de la convaincre à mon tour :

« Je t'assure que pour le moment ni de son côté ni du mien nous avons pensé à une quelconque relation ! »

Dans un soupir tout aussi bienveillant que sa réponse elle me dit sans aucune hésitation :

« Tu comprendras avec le temps qu'ici, comme tout un chacun dans cette communauté rien n'est dit ni fait sans une raison en amont. »

« Je ne vois pas de quoi tu veux parler ? »

« Alors n'oublie jamais ce que je vais te dire. Que ce soit Marius ou n'importe quel autre membre de sa famille lorsqu'ils prennent une décision c'est qu'il y a obligatoirement une raison et qu'elle va obligatoirement dans leur sens. Tout est tellement plus difficile ici que l'on ne peut pas s'accommoder de superflus et que tout va à l'essentiel suivant les priorités de chacun. »

Son raisonnement pouvait s'entendre mais pensaient-ils tous de la même manière ? Toutefois je préférais me faire ma propre opinion et décidais d'aborder d'autres sujets en attendant :

« Dis-moi, je profite que tu sois ici pour te poser une question puisque Marius n'est pas encore là est-ce une obligation de prendre tous les repas en famille ? »

« Non bien sûr, mais en général le soir ils aiment bien tous se retrouver autour du dîner pour parler de leur journée. Et si un soir ou un autre tu n'as pas envie de manger vers eux, tu préviens Jane. Je te l'ai dit, elle est le noyau central de la famille. Il vaut mieux être de son côté sinon je te promets qu'il faut avoir des nerfs d'acier et un mental hors norme pour lui faire comprendre pourquoi tu ne veux pas aller dans son sens. »

À l'entendre, on ne pouvait pas trop gérer les choses comme on le voulait. J'osais espérer alors qu'elle en rajoutait un peu pour m'impressionner mais ça, c'était moins sûr. Je pensais alors au dîner de ce soir me sentant déjà mal à l'aise de me retrouver parmi tous ces gens que je ne connaissais pas. Mais je savais qu'il allait falloir en passer par là. Que c'était une étape cruciale pour mon intégration. Je n'avais pas vraiment le choix. Isabelle vit qu'elle m'avait mis mal à l'aise. Elle se leva et d'un air plus conciliant, me dit :

« Ne t'inquiètes pas, je suis là. N'hésite pas si tu as la moindre question, je ferai au mieux pour te répondre et te guider. Mais pour l'instant, je me sauve avant qu'Antoine me dise que je fais encore ma commère ! »

Je restais là assise déstabilisée par la conversation que nous venions d'avoir. Je me sentais perdue. À bien y réfléchir, j'avais du mal à voir une seule chose de positif depuis mon arrivée à part celle peut-être de ne pas me retrouver SDF !

Le soir était tombé, je me demandais alors si j'avais de l'électricité. Je me levais et appuyais sur l'interrupteur avec appréhension. Il manquait plus que rien ne se produise et pour le coup mon moral risquait d'être aussi noir que la pièce. Mais il n'en fut rien. La lumière envahit le salon, me redonnant un peu de baume au cœur. Marius s'était bien chargé de faire le branchement comme il me l'avait dit. Je décidais de me préparer avant qu'il vienne me chercher pour le repas ne voulant surtout pas être en retard.

Lorsqu'il passa le seuil de ma porte, je fus surprise de le voir habillé comme pour un soir où il allait jouer avec son groupe. Une chemise blanche légèrement ouverte sur son torse se mariait à merveille avec un pantalon à pince noir impeccablement taillé. Une chaîne en or ornait son cou faisant ressortir le hâle de sa peau. Je ne pus m'empêcher d'être séduite par son apparence et en profitais pour le taquiner :

« Eh bien comment se fait-il que tu sois sur ton 31 ce soir ? On ne doit pas aller dîner vers tes parents à moins que tu partes pour une de tes soirées ? »

« D'abord on mange bien vers eux mais après effectivement j'ai un contrat avec le groupe aux Saintes-Maries-de-la-Mer dans une manade. Tu es prête ? »

« Oui si l'on veut mais je n'ai pas pu encore retrouver toutes mes affaires et je n'ai pas pu m'habiller comme je le voulais ! »

« Tu es très bien ainsi. Ta robe te va à merveille. Ni trop longue ni trop courte. Et pas trop décolletée ça ira très bien tu es vraiment jolie. »

Sur le coup, je ne compris pas le sens de ses paroles et lui dis en riant :

« Si j'avais su que tu avais prévu de t'habiller ainsi, j'aurais pu moi aussi te faire honneur et prendre le temps de chercher autre chose. »

« Non, crois-moi c'est très bien. Chez nous, lorsque nous sommes tous ensemble il faut éviter que tu portes des habits trop courts et comme je te l'ai dit auparavant trop décolleté. Ça ne se fait pas par respect des anciens. »

J'avais du mal à comprendre ce raisonnement car pour moi on pouvait très bien être vêtue d'une robe courte et décolletée sans pour autant être déplacée. Juste sexy. Mais je n'avais ni l'envie ni le goût à ce moment-là d'essayer de le convaincre.

« Si ça va comme ça, c'est bien. Je n'ai absolument pas envie de me faire remarquer ce soir. »

Il me regarda d'un air amusé :

« Pourtant ce soir tu vas être le centre d'intérêt, crois-moi. Et pas un des membres de ma famille proche manquera à l'appel. Ils seront tous là trop curieux de voir à quoi tu ressembles ! »

À ses mots il finit par m'enlever le peu courage qu'il me restait. J'avais les mains moites et sentait la panique monter en moi. Je respirais profondément essayant de canaliser mon stress en me disant que ce n'était rien d'autre qu'un repas !

Juste avant de passer le seuil de ma porte, je jetais un coup d'œil par la fenêtre qui donnait directement sur leur salle à manger en plein air, priant pour ne pas les voir tous attablés ! Mais ce fut peine perdue, il devait y avoir déjà une bonne dizaine de personnes présentes discutant et riant dans une ambiance bonne enfant. Marius me prit la main comme il avait pris l'habitude de le faire à chaque fois qu'il me sentait stressée et me dit :

« Allez, Bella, c'est le moment ou jamais de me prouver que je ne me suis pas trompé en t'accueillant parmi nous ! »

Ses paroles contre toute attente eurent l'effet d'un électrochoc. Elles piquèrent ma fierté à vif. La colère m'envahit d'un coup et j'eus bien du mal à me contrôler ! S'il croyait que j'allais me laisser intimider, c'était bien mal me connaître. Quoiqu'il puisse se produire, je resterai toujours maître de mon destin et de mes décisions. Une chose était certaine c'est qu'en aucun cas je devais lui laisser paraître que j'étais tributaire de lui ! Je lui lâcha la main et lui emboîta le pas essayant d'être le plus décontractée possible.

Chapitre VI

Avant de me retrouver « dans la fosse aux lions » ! La première personne que je croisais sur mon chemin fut José. À l'inverse des autres, il n'était pas encore à table. Il finissait de se coiffer à travers un petit miroir accroché à un tronc d'arbre. À travers celui-ci il me vit arriver et se retournant pour se laver les mains dans une bassine il lança haut et fort :

« Bonjour voilà notre nouvelle arrivée ! »

Puis d'une voix moins forte, il ajouta :

« Pour l'occasion ma femme à préparer un ragoût bien de chez nous tu m'en diras des nouvelles ! »

M'approchant de lui, je le remercie et m'adressa à celle-ci qui était en train de s'affairer près d'un immense faitout :

« C'est vraiment gentil de votre part Jane mais il fallait pas se donner tant de mal pour moi je vous assure, je mange de tout ! »

À ces mots, elle se retourna vers moi et essuyant ses mains sur son tablier elle s'approcha de moi pour m'embrasser :

« Ne t'inquiète pas ma fille c'est un plat comme un autre il tient au ventre c'est le principal. »

Marius me tendit une chaise au bout de la table et s'assit près de moi. Et là, comme si un signal invisible avait été donné, les discussions cessèrent. Un homme d'une trentaine d'années se leva et prit la parole se tournant dans ma direction. Malgré le sentiment de gêne qui vint empourprer mon visage, j'eus le temps de détailler cet homme qui était face à nous et qui prenait son rôle très au sérieux. Il était petit et avait la même finesse de visage que Marius. Je supposais que ce devait être un autre de ses frères et si ce n'était pas l'aîné il ne devait pas en être loin. Tous les regards étaient fixés sur nous et s'adressant directement à moi il dit :

« Je ne vais pas faire le tour de table et te dire qui est qui. Petit à petit tu apprendras à nous connaître mais en attendant je te souhaite la bienvenue parmi nous. À cette table tu verras souvent les mêmes personnes, il y a mes sœurs, mes frères, belles-sœurs et beaux-frères et bien sûr notre priorité pour nos enfants. »

Et se tournant vers son père, il ajouta :

« Pa' tu veux rajouter quelque chose ? »

« Non, mon fils, tu as tout dit. »

Une fois qu'il se fut rassis, les discussions reprirent bon train comme si rien ne s'était passé. Cela me rassura un peu me disant que maintenant que les présentations étaient faites j'attirerai moins leur curiosité. José était assis en bout de table et avant que nous commencions le repas il fit une chose qui m'intrigua. Lorsque Jane posa le faitout sur la table, elle se tourna vers son mari comme si elle attendait un signe de sa part. Il prit alors la grosse miche de pain qui était à sa droite la retourna et de la pointe de son opinel la marqua d'un signe de croix. Je regardais alors Marius d'un air interrogateur. Il se pencha à mon oreille en me disant :

« Chez nous le pain est sacré c'est un don de Dieu c'est pour cela qu'on le signe. »

Une fois celle-ci reposée, Jane commença le service méthodiquement sans oublier personne. Lorsque mon assiette arriva à ma portée, je l'attrapais au vol, curieuse de savoir à quoi ressemblait ce fameux ragoût. Une odeur délicieuse, semblable au pot-au-feu , s'en dégageait. Pourtant le contenu n'en était rien. De grands morceaux de viande longs et fins baignaient dans une sauce épaisse accompagnés de pommes de terre. J'avais beau me demander de quelle viande il pouvait bien s'agir, je n'en trouvais aucune qui puisse ressembler à ce que j'avais dans mon assiette ! Je levais les yeux, priant pour qu'ils ne soient pas tous là à attendre que je commence mon repas ! Mais chacun était trop occupé entre deux bouchées à continuer leur discussion tout en jetant de temps à autre un regard aux enfants qui jouaient autour de la table. Ils venaient picorer de temps à autre un morceau de viande dans une assiette ou une autre sans se soucier à qui elle pouvait appartenir. Ici tout se partageait le plus naturellement possible. Bien entendu mon manège n'échappa pas à l'œil de lynx de Marius qui s'inquiéta de ne pas me voir commencer à manger.

« Eh bien, dis-moi, qu'est-ce qui te chagrine ? Tu es végétarienne ou quoi ? »

« N'importe quoi ! »

« Alors, explique-moi pourquoi tu n'as pas encore commencé ton repas. Il faut manger quand c'est chaud, crois-moi c'est bien meilleur. Regarde si tu attends trop ils vont bientôt tous avoir fini. »

Comment lui expliquer que tant que je ne saurai pas de quelle viande il s'agissait je serais incapable de mettre un seul morceau dans ma bouche. Plus je regardais celle-ci et plus elle me faisait penser à un morceau de viande que nous ne cuisinons pas chez nous. Plus je fixais celle-ci et plus la ressemblance avec l'idée que je m'en étais faite correspondait. À bien y regarder, elle en avait la même forme, la même grandeur et la même épaisseur ! J'avais beau essayer de me raisonner en me disant que chez nous on n'avait pas le droit de manger ce genre de viande… rien y faisait ! Mais en même temps tout était si irréel ici que je me confortais dans cette idée et qu' elle me paraissait possible. Mais comment en avoir la certitude ? Cela semblait si ridicule que d'en faire part à Marius était complètement dingue ! Qu'elle serait sa réaction si je me trompais ? Je le regardais droit dans les yeux, essayant de gagner du temps, mais peine perdue, il était contrarié alors je me lançais et lui demandais si ce n'était pas des oreilles d'éléphant ! Il me regarda d'un air ahuri avec des yeux ronds et à travers un fou rire qu'il avait du mal à contrôler, il lâcha péniblement ces deux mots :

« Tu plaisantes ?! »

Il se mit de nouveau à rire aux éclats, le regard rempli de larmes, attendant que je lui dise que je lui faisais une bonne blague. Mais vu mon air incrédule, il comprit que je le pensais vraiment. Alors contre toute attente il ne put s'empêcher de me dire :

« Tu es vraiment incroyable, franchement, je t'adore ! »

Il n'arrivait pas à contrôler son fichu fou rire et tout le monde avait fini par se taire curieux de savoir ce qui avait pu le mettre dans un état pareil ! Je le regardais d'un air suppliant, espérant qu'il n'allait rien dire. Je l'attrapais discrètement par le bras sous la table en lui murmurant :

« Marius, je t'interdis de leur dire quoi que ce soit sinon je te promets que tu ne t'en tireras pas aussi facilement ! »

Son père prit alors la parole, trop amusé de voir son fils dans cet état :

« Eh bien nous aussi on aimerait bien en profiter. Je ne sais pas ce qu'elle t'a raconté mais ça faisait longtemps que je ne t'avais pas vu rire autant. Pas vrai, Jane ». Sur ce, elle posa sa fourchette s'essuya la bouche et répondis :

« Ton père a raison, on t'écoute, mon fils. »

Vu la réponse qu'il donna à sa mère, je sus que c'était peine perdue. Il ne me restait plus qu'à me glisser dans un trou de souris et ne plus réapparaître :

« Surtout Ma' lorsque je t'aurai dit de quoi est fait ton ragoût à mon avis tu vas t'en rappeler jusqu'à la fin de tes jours. »

Je tentais une dernière fois de l'en dissuader en le secouant par la manche mais contre toute attente je partis moi aussi dans un fou rire incontrôlable !

« Franchement tu crois vraiment qu'ils vont te croire ? »

Me collant une bise sur la joue, il me dit :

« Eh bien regarde par toi-même. Ma' il faut vraiment que tu la rassures en lui disant avec quelle viande tu as fait ton ragoût, mais surtout en lui disant qu'il ne s'agit pas d'oreille d'éléphant ! »

Son père qui était en train d'essuyer son couteau faillit se couper les doigts en attendant les paroles de son fils et tout en explosant de rire se tapa les cuisses de ses grosses mains. Quant à sa mère riant aux éclats, elle pria toutes les Madones et les Saints dont elle connaissait le nom ! Il en fut de même pour tous ceux qui étaient autour de cette table. Je me sentais complètement ridicule. Il fallut plus d'une bonne dizaine de minutes pour que le calme revienne enfin et que sa mère retrouve un semblant de souffle pour me répondre :

« Alors là ma fille tu es vraiment incroyable ! C'est vrai qu'à bien y regarder ça pourrait ressembler à ça. Mais franchement, tu crois vraiment que l'on puisse manger ce genre de chose ? »

Je ne savais vraiment pas quoi répondre et me confondis en excuses plus minables les unes que les autres :

« Je suis désolée d'avoir pu penser que ça pouvait être ce genre de truc mais cela ne ressemblait à rien d'autre que je connaisse ! »

Celui qui avait pris la parole plus tôt dans la soirée et qui essuyait les larmes de ses yeux tant il avait ri jouta :

« Je t'accorde que l'on mange des choses bizarres comme le hérisson. OK mais de là à manger de l'éléphant il y a de la marge ! »

Et les fous rires reprirent de plus belle. J'aurais voulu que le temps s'arrête ou bien que d'un coup de baguette magique je puisse tous les rendre amnésiques ! Heureusement, Jane mit fin à mon calvaire en demandant le silence afin de pouvoir parler :

« Chut ! Si vous ne vous calmez pas, je ne pourrai jamais lui expliquer de quoi est fait mon ragoût. »

Et d'un ton simulant le reproche elle enchaîna :

« Si tu avais pris le temps de goûter ne serait-ce qu'un petit bout tu te serais rendu compte qu'il s'agissait de porc. Et oui c'est du ventre de cochon ».

Je m'empresserais de m'exécuter et plantais ma fourchette dans mon assiette afin de m'en rendre compte par moi-même. Effectivement, cela avait bien le goût de porc. Si seulement j'avais commencé par-là cela m'aurait évité d'être la risée de tous !

Sincèrement, j'avais raté l'occasion de ne pas me faire remarquer pour un 1er repas en famille ! Le reste de celui-ci se passa dans la bonne humeur. À la fin de celui-ci, chacune des femmes présentes débarrassa les grandes tables et s'affaira à la vaisselle. Les hommes, eux, s'étaient regroupés un peu plus loin près de la rive, savourant une dernière cigarette. Marius lui se dépêcha de récupérer sa guitare avant de me dire bonsoir sans omettre de me taquiner une dernière fois sur mon entrée remarquable dans leur communauté !

Jane n'avait pas voulu que je les aide en me faisant remarquer que ce soir j'étais l'invitée et que j'aurai tout le temps de participer aux tâches quotidiennes plus tard. J'en profitais alors pour m'éclipser trop contente de pouvoir enfin me retrouver seule.

La nuit était douce et malgré tout ce qui s'était passé, je me sentais heureuse d'être là au milieu d'eux. Les enfants, eux, infatigables, continuaient à jouer à cache-cache entre les arbres et les campings suivis d'une ribambelle de petits chiens jappant et courant dans tous les sens. Malgré tous ces bruits, une fois rentrée dans mon camping, je ne mis pas du temps à rejoindre les bras de Morphée.

Le lendemain matin, ce fut un rayon de soleil qui me réveilla, jouant à travers le rideau de ma fenêtre. J'ouvris les yeux et écoutai les bruits extérieurs, essayant de savoir s'il y avait déjà beaucoup de monde dehors. Mais à l'inverse de la veille, pas un bruit ne se faisait entendre. Je m'étirais regardant qu'elle heure il pouvait bien être. Ma montre affichait 7 heures du matin et bien qu'il fasse déjà grand jour je n'avais aucune envie de sortir de mon lit. Je savais que c'était ma dernière journée dans mon petit chez moi car ce soir il faudrait que je reprenne le chemin des marais salants pour retrouver mon lieu de travail, retrouvant alors comme le disait si bien Marius mon cagibi. Je fermais les yeux en faisant un point sur les événements qui s'étaient produits ces 2 derniers jours. Tout d'abord j'étais soulagée d'avoir trouvé un endroit où loger. De plus, cela allait me laisser le temps de voir les choses venir sans avoir peur d'être à la rue même si c'était de loin de l'idée que je m'étais fait de mon futur hébergement ! En revanche, une chose était certaine: si je voulais rester, il allait falloir que je m'adapte et vite. Bien que je sache que Marius était là, tellement de choses étaient différentes chez eux que je ne me sentais vraiment pas à mon aise !

Chapitre VII

Lorsque je vis au loin l'immensité sablonneuse qui s'offrait à moi, un sentiment de soulagement m'envahit. J'étais tout aussi excitée qu'impatiente de reprendre le travail. J'aimais cet endroit sauvage qui permettait de se déconnecter complètement du monde extérieur. La bouille ronde de Mathilde et sa bonne humeur m'avait manqué durant ces quelques jours d'escapade et j'avais hâte de la serrer dans mes bras. Bien que cet endroit était hors du temps, j'allais enfin reprendre une vie normale avec nos codes et nos coutumes. Je garer ma voiture près de ma caravane. Déposant mon sac sur mon cale-pied j'entendis non loin de moi une voix qui m'était familière et qui me fit aussitôt chaud au cœur :

« Eh bien, j'ai cru ne plus jamais te revoir ! Si je n'avais pas demandé où tu étais passée, personne ne me l'aurait dit. »

« Quel plaisir de te revoir j'ai un tas de choses à te raconter ! »

Tout en me prenant dans ses bras, elle me chuchota à l'oreille :

« Ça, je m'en doute pas. Par chance nous allons avoir tout notre temps pour discuter tranquillement ! Marc est en mer et la patronne est partie en ville pour faire les courses de la semaine. »

Bras dessus dessous, nous partions en direction de la mer, nous installant devant ce spectacle magnifique que nous offrait une mer agitée par le mistral.

Le travail reprit vite ses droits et la semaine qui suivit ne me laissa guère de répit pour penser à autre chose. Nous étions vendredi soir et je savais que Marius viendrait jouer avec Bégot et Germaine. En pensant à eux, mon cœur se sera, partagé entre joie et colère. Je n'avais eu aucune nouvelle de Marius depuis mon retour et je me demandais comment il allait. Je ne comprenais pas pourquoi il n'était pas passé me faire un petit coucou comme à son habitude chaque semaine juste avant le week-end. Je pris alors conscience qu'il me manquait.

Lorsque je le vis ce soir-là franchir le seuil de la salle de restaurant, je ne sus pas quelle attitude adopter. Germaine elle me sauta dans les bras en guise de bonjour et se sauva rejoindre Bégot en train de s'installer près de l'estrade. J'attendais alors que Marius vienne me dire bonsoir mais surtout j'avais hâte d'entendre ce qu'il avait à me dire :

« Salut Bella, alors, en forme ce soir ? Ça fait du bien de te revoir. »

« Salut, je croyais que tu avais oublié le chemin qui menait jusqu'ici. »

« Cela ne risque pas d'arriver. Tant que tu seras là, je serais toujours non loin de toi, crois-moi. Si je ne suis pas passé avant c'est que mon père et mes frères ont eu besoin de moi ces derniers jours. »

Et sans même attendre une réponse de ma part, il partit rejoindre les autres. Voilà c'était tout en guise de réponse il ni avait rien à ajouter. Je ne savais plus quoi penser me sentant désarçonnée par sa manière de voir les choses si naturellement. Je retournais à mes fourneaux, pas plus avancée qu'auparavant ! Il ne me restait plus qu'à attendre la fin de soirée pour en savoir un peu plus bien que je savais que ce soir-là il ne s'attardait pas vu la présence de Germaine.

Lorsqu'ils vinrent boire un dernier verre au comptoir, Marius s'approcha, se mettant au coin du comptoir en attendant que je repasse près de lui et me dit tout bas :

« Demain soir, nous venons avec le groupe au complet car comme tu le sais il y a un car de touristes qui a réservé la soirée. »

« Oui, je suis au courant, tu reviens avec Germaine ? »

« Non car la soirée risque de finir beaucoup plus tard c'est justement pour cette raison que j'ai une faveur à te demander. »

« Je t'écoute. »

Il jeta un regard autour de lui s'assurant que personne ne l'écoutait et se rapprochant de moi me dit :

« J'ai besoin de savoir si demain soir je prends ma voiture ou non ? »

Ne comprenant pas où il voulait en venir, je le regardais d'un air étonné :

« Je ne comprends pas. »

« Eh bien ce n'est pas compliqué si tu m'invites à rester dormir avec toi alors je n'ai pas besoin de ma voiture. Sinon si ce n'est pas le cas je la prends c'est aussi simple que ça ! »

Je restais sans voix ne m'attendant pas du tout à ce genre de requête qui bien qu'elle ne me déplaise pas me paraissait bien hâtive et sans préambule. Il me regardait d'un air amusé, content de l'effet de surprise qu'avait produit sa demande. Ne sachant quoi répondre je lui lançais d'un air insouciant tâchant de masquer ma gêne :

« Eh bien si tu estimes que tu as assez de place sur la banquette pour passer la nuit il n'y a pas de soucis. »

Il partit à rire et tout en m'embrassant, ajouta :

« Eh bien justement ce sera l'occasion de savoir si ton cagibi à un bon lit d'appoint ou non ! Bonne nuit, Bella, et à demain soir. En attendant repose toi ces derniers temps nos heures de sommeil se font rares et ça va durer tout l'été. »

Sur ce conseil il partit récupérer ses affaires sans oublier sa guitare et tous les 3 prirent le chemin du retour. Je ne savais trop quoi penser de sa proposition et repensait aussitôt à ce que m'avait dit Isabelle sa belle-sœur. Je savais très bien que si je l'autorisais à passer la nuit avec moi, cela impliquerait une nouvelle étape dans notre relation. Et je me demandais alors si j'aurai la force de m'investir pleinement dans celle-ci. Mais pour l'heure, mes jambes me faisaient mal et mes yeux ne demandaient qu'à se fermer. Je finissais de ranger mon plan de travail et me dépêchais de rentrer me reposer. Lorsque je me réveillais le lendemain matin, j'avais l'estomac noué et la gorge serrée. J'avais passé une bonne partie de la nuit à me demander comment aller se passer notre première rencontre en tête à tête. Pourtant j'avais une envie folle de vivre cette expérience et de partager un maximum de choses avec lui. Je respirais le plus profondément possible, essayant de reprendre mon calme. Ayant fait alors le tour de la question et sachant mon attirance pour lui, je me voyais mal ne pas aller dans cette direction si l'occasion se présentait. Sur ce je me préparais pour une énième journée de travail l'esprit plus léger.

Étrangement plus celle-ci approchait de sa fin et plus je sentais de nouveau l'incertitude m'envahir. Tous mes doutes remontaient de nouveau à la surface. Leur monde était si différent du nôtre que j'avais du mal à me projeter vivant avec eux en ayant de surcroît une relation tout autre avec Marius. À bien y réfléchir, je ne le connaissais pas plus que ça. Se comporterait-il de la même manière avec moi au fil du temps ou bien chercherait-il à m'imposer leur style de vie ? J'avoue qu'une de mes plus grandes faiblesses, ma curiosité, joue beaucoup en la faveur de Marius pour aller dans cette direction.

Il était plus de 2 heures du matin lorsqu'il vint me retrouver. Aussi étrangement que cela puisse paraître, tout paraissait évident comme si notre relation avait toujours été celle d'un couple vivant ensemble depuis longtemps déjà ! C'était comme si je l'avais connu depuis toujours, reprenant alors le cours de notre histoire qui, quoi que l'on dise, devait déjà être tracé depuis bien longtemps !

Ce dimanche après-midi, lorsque nous avons enfin décidé de mettre le bout du nez hors du lit, nous étions sereins comme si nous venions de sceller un pacte. Nous avions beaucoup parlé cette nuit-là. Marius avait énormément insisté sur les règles à savoir celles que l'on devait connaître lorsque l'on faisait partie de leur communauté. Bien que leur mode de vie me paraissait « vieux jeu », je ne m'en formalisa pas pour autant, me disant que j'aurai tout le temps de prendre mes marques et de m'adapter en fonction des évènements à venir.

Avec le recul, je comprends que mon erreur a été de sous-estimer leurs coutumes ancestrales bien plus fortes que tout ce que je n'aurai pu m'imaginer. Aucune interférence ne peut perturber leur mode de transmission martelée par leurs codes et leurs croyances qui sont et resteront à jamais la base essentielle de leur subsistance. Pour l'heure, j'étais encore loin de pouvoir faire cette analyse et bien des anecdotes agréables ou non jalonnèrent notre relation. Plus de 30 ans se sont écoulés et notre relation amicale perdure avec cette même incompréhension et cette même incertitude sur notre vie passée. Il faut du temps, de la compassion et beaucoup de tolérance pour pouvoir comprendre que ce chapitre de notre vie nous a légué des blessures profondes qui ne guériront sûrement jamais. Pour autant, je n'ai que peu de regret lorsque je me remémore cette époque. Je garde énormément de bienveillance pour toutes les personnes que j'ai pu côtoyer à ce moment-là. Chacune d'entre elles m'a enrichie de leur vécu et de leurs expériences mutuelles.

Mais revenons-en à notre première journée passée ensemble. Nous décidons de ne pas rentrer tout de suite à Arles profitant de notre temps libre pour aller flâner à l'intérieur des terres. Notre première escapade fut bercée par l'histoire en l'occurrence celle d'Alphonse Daudet ou plutôt celle liée au moulin de Daudet ». Il se situe à Fontvieille à une vingtaine de kilomètres de Saint-Rémy-de-Provence. C'est un endroit magique empreint de calme et de sérénité. On peut aisément comprendre en voyant ce moulin perché en haut du sentier qu'il a pu inspirer cet illustre écrivain pour l'une de ses Lettres de mon moulin. Toutefois, malgré ce cadre idyllique, Marius sentait bien que je n'étais pas bien. Me prenant la main comme à chaque fois qu'il me sentait mal à l'aise, il me conduisit près d'un magnifique olivier qui devait être plus que centenaire :

« Assieds-toi près de moi et arrête de te faire autant de soucis. Tu verras tout va bien se passer. Personne ne va te poser de question et crois-moi ils se doutent bien qu'il y a quelque chose entre-nous même si ça a mis du temps à arriver ! »

Et à ces mots, il partit à rire.

« Pour toi, il n'y a rien de difficile à comprendre ! Pour moi c'est tout autre chose. Aussi bien en ce qui concerne notre relation que ma vie avec vous ! »

Soudain, il reprit son sérieux et me regardant d'un air bienveillant, il insista sur ces mots :

« Tu apprendras que ma devise c'est de suivre ce que me dicte mon cœur. »

« Mais à quel prix Marius ? Bien des fois je pense que tu as dû te brûler les ailes en pensant de cette façon. »

« Oui, à vrai dire, plus d'une fois mais à chaque fois j'ai eu la satisfaction d'être allé jusqu'au bout des choses et de ne rien regretter. »

« C'est une façon de voir la vie. Moi en revanche j'aime anticiper les choses car je n'aime pas subir ! »

Tout en discutant, nous redescendons le chemin main dans la main. À cet instant-là, je pris conscience que le jour où j'avais accepté de m'installer chez eux, j'avais scellé mon destin. Telle une araignée, il avait pris le temps de tisser sa toile patiemment, sachant qu'inévitablement je me laisserai prendre au piège ! Il suivait sa ligne de conduite à savoir celle qu'il avait avec toutes les femmes qu'il avait décidé de séduire et dont il savait pouvoir tirer profit… Je venais tout simplement de me jeter dans la gueule du loup !

Mais contre toute attente rien n'allait se dérouler comme il l'avait envisagé et bien des obstacles allaient perturber ses plans ! Il était loin de se douter des difficultés qu'il allait devoir affronter. Pour l'heure il était pleinement satisfait et tout se déroulait selon son bon vouloir. Nous en étions à l'étape sentimentale et tant qu'il n'était pas certain de son emprise totale sur moi, il continuerait à jouer son rôle du parfait amoureux. Pourtant comme un proverbe le dit si bien « chassé le naturel il revient au galop » et là pour le coup il en était le parfait exemple. Ses atouts majeurs étaient la patience et la séduction, ce qui lui permettait d'obtenir en grande partie ce qu'il désirait de la gent féminine. Pourtant au fil du temps il s'aperçut qu'il avait du mal à atteindre l'objectif qu'il s'était donné avec moi. Petit à petit, contre toute attente, il s'aperçut qu'il s'attachait à moi. D'un naturel jaloux et impulsif, il piquait des colères à chaque fois que je n'allais pas dans son sens et que je n'en faisais qu'à ma tête. Peu à peu, il dévoila son vrai visage. Il était d'un tempérament sulfureux et possessif. Toutefois en ce qui me concernait malheureusement il était déjà trop tard pour faire marche arrière. J'avais franchi la ligne rouge depuis longtemps déjà. L'engrenage était bien rôdé et l'emprise qu'il avait sur moi bien ancrée.

Lorsque je me remémore toutes ces étapes vécues avec lui, je pense que notre histoire commença vraiment à partir de cette période-là !

Chapitre VIII

Le soleil venait à peine de se coucher et la nuit prenait ses quartiers peu à peu lorsque nous décidions de rentrer au camp. Je garais ma voiture près de mon camping après être passée au contrôle incontournable du signal qui annonçait notre arrivée. Je roulais au pas de peur qu'un enfant ne surgisse de nulle part lorsque mon regard fut attiré par un groupe de personnes non loin de la rive. La lueur et les étincelles qui permettaient de les distinguer dans la pénombre faisaient penser à un feu de camp. Intriguée, je me tournais vers Marius :

« Comment se fait-il qu'il ait autant de monde attroupé près du Rhône ? »

« Tous les week-ends, les personnes présentes au camp se retrouvent autour d'un feu en famille ! Au plus loin de mes souvenirs j'ai toujours connu ces moments privilégiés et je pense qu'il en a toujours été ainsi. »

Aussitôt descendu de la voiture, il fit le tour de celle-ci et sans que j'aie eu le temps de faire quoi que ce soit il me prit la main et m'entraîna dans leur direction. Je mettais aussitôt un frein à son enthousiasme essayant de rebrousser chemin. Je n'avais absolument pas envie de me retrouver parmi des gens que je ne connaissais pas. Mais il ne lâcha pas son emprise et d'un ton légèrement agacé me dit :

« Allez viens ne soit pas stupide ils ne vont pas te manger ! Chez nous on a le sens de l'hospitalité et là il n'y a pas meilleure occasion pour t'en rendre compte par toi-même. »

Traînant le pas, je le suivais d'un air boudeur et sans grande conviction. Au fur et à mesure que nous nous approchions, je perçus alors le chant d'un homme rythmé par le son d'une guitare. Il était langoureux et plaintif, vous enveloppant comme la brume du rivage après la pluie. C'était émouvant. Mon cœur se serra car même si je ne comprenais pas les paroles, il n'était pas difficile d'imaginer qu'elles parlaient d'une histoire d'amour. Ce que Marius me confirma peu de temps après en me traduisant brièvement quelques passages.

Une fois arrivés à leur hauteur, ils se retournèrent vers nous et sans un mot nous firent une place autour du feu. Les choses se faisaient naturellement comme cela au gré du moment et comme il me l'avait dit sans questionnement. Je pus voir alors plus en détail l'homme qui chantait. Il était accroupi un peu en retrait du feu et les lueurs orangées des flammes qui crépitaient laissaient apercevoir un visage fin et ridé sous un grand chapeau de feutre noir. Comme s'il avait su que je le regardais, il leva la tête dans ma direction, salua Marius et enchaîna sur une autre chanson mais celle-ci beaucoup plus rythmée. Alors comme par enchantement, femmes et enfants se mirent à danser et chanter en frappant des mains.

Ma réticence et mon appréhension s'envolèrent comme par magie et je profitais pleinement de ce spectacle. Je ne sais plus l'heure qu'il pouvait bien être lorsque Marius et moi décidions de nous retirer, mais l'aube pointait timidement le bout de son nez et une poignée d'hommes finissait d'éteindre le feu avant de rejoindre leur famille. Je ne voulais pas briser cette magie, pourtant, j'étais mal à l'aise à l'idée qu'il puisse me rejoindre ce matin-là. Je savais très bien qu'il ne dormirait pas dans son camping. Pour moi, c'était une manière de gagner du temps en me disant que tant que je pouvais éviter que notre relation devienne évidente pour tous, j'étais encore seule maître de mon destin. J'avais l'impression que le jour où celle-ci deviendrait plus officielle qu'officieuse, je perdrais alors ma liberté. Malheureusement, je l'avais déjà perdue depuis longtemps et l'incident qui suivit quelques jours plus tard confirma mes craintes.

Nous approchions du 14 juillet et comme cette année-là il tombait en semaine je ne travaillais pas. J'avais pu cumuler 2 jours de repos, ce qui était très rare en pleine saison et je comptais pleinement en profiter. Entre-temps Marius avait peu à peu déserté son camping pour venir s'installer chez moi aussi naturellement que les choses avaient l'habitude de se faire chez eux. Personne n' avait trouvé à redire et sa mère avait même eu l'air satisfaite de la tournure que prenait notre relation.

Peu à peu, j'ai appris à connaître ses habitudes ou plutôt celles que leur avait données leur mère ! Chaque matin, une fois que celle-ci avait bu son café, elle préparait celui de ses fils et leur apportait à tour de rôle sept jours sur sept et par tous les temps ! Donc je pris le relais sans me poser de question et en fit de même pour Marius. Vivant avec eux, je me pliais aux règles instaurées sans vraiment me poser de question jusqu'à ce fameux soir du 14 juillet ou les choses basculèrent et prirent une tout autre tournure. Cet incident me permit de découvrir qui était réellement l'homme avec qui je vivais.

Depuis plusieurs jours déjà, je me faisais une joie à l'idée de sortir avec lui pour cette fête nationale sachant qu'il devait jouer dans une manade aux Saintes-Maries-de-la-Mer. J'allais enfin pouvoir profiter d'une soirée libre pour pouvoir m'amuser et pourquoi pas danser toute la nuit ! Mais c'était bien mal compté sur ce qu'avait prévu Marius. Ce soir-là, comme la plupart du temps, nous avions mangé tous ensemble à l'ombre des arbres. Bien que le repas fut animé par les anecdotes des uns et des autres, personne ne s'attarda voulant profiter du feu d'artifice en ville. Je profitais moi-même de cette occasion pour aller me changer. Marius lui alla récupérer des habits dans son camping avant de venir me retrouver. Je finissais d'ajuster ma coiffure lorsque la porte d'entrée s'ouvrit ! Je me dépêchais alors d'attraper mon sac à main ne voulant pas le mettre en retard. Mais quelle ne fut pas ma surprise lorsque je vis son visage se durcir ! Son regard s'assombrit, faisant ressortir toute sa désapprobation :

« Tu comptes aller où dans cette tenue ? »

« Pourquoi, je ne te plais pas ? »

« Ce n'est pas la question de me plaire ou non bien que tu sois très belle comme ça mais tu comptes aller où ?! »

J'étais dans l'incompréhension totale :

« Je pensais que je venais aux Saintes avec toi. Pour une fois que je ne travaille pas, je compte bien en profiter pour m'amuser ! »

Il secoua la tête comme s'il s'agissait d'un quelconque malentendu.

« D'abord, je ne t'ai jamais dit que je t'emmènerais. Je crois que tu n'as pas compris que les soirées flamencos c'est un travail comme un autre. Je ne m'amuse pas et je n'aurai pas le temps de m'occuper de toi ni de voir ce que tu fais… »

Voilà les mots étaient lâchés c'était donc la seule et unique raison pour laquelle il ne voulait pas que je vienne ! Je trouvais alors sa réponse aussi ridicule qu'injustifiée et je ne comptais pas en rester là :

« Si tu crois que je vais t'écouter une seule seconde et bien c'est mal me connaître ! Il est hors de question que je reste là avec ou sans toi. Et une dernière chose si j'ai quitté mon mari c'est pour être libre alors ce n'est pas toi tout gitan que tu es qui va m'empêcher de faire quoique ce soit c'est bien clair ! »

Et sans même attendre une réponse de sa part, je courus m'enfermer dans la salle de bain, n'ayant aucune envie de continuer la discussion. Et là contre toute attente sa réaction fut tout aussi inattendue que violente ! Il commença à secouer la porte, hurlant, sommant d'ouvrir celle-ci pour que l'on s'explique. Mais c'était bien mal me connaître. Ses cris n'y changèrent rien. Alors d'un ton moins agressif mais tout aussi ferme il me dit :

« Écoutes je ne vais pas faire de scandale maintenant je n'ai ni le temps ni la patience mais dis-toi bien une chose que tu n'iras nulle part ce soir. Et tu ne paies rien pour attendre, on ne va pas en rester là, crois-moi ! »

Sur ces mots, il claqua la porte d'entrée avec brutalité. Je me demandais alors si celle-ci n'était pas partie en mille morceaux. Si elle avait tenu le choc, alors, ce serait un vrai miracle ! J'attendis encore quelques secondes avant de sortir tout doucement, espérant ne pas le voir revenir. Quelques instants plus tard, le bruit de sa voiture qui démarrait me rassura. Je m'assis alors sidérée par ce qui venait de se passer ! Je n'avais jamais encore vu chez lui une telle violence. J'étais dans l'incompréhension totale. Mais pour l'heure je ne comptais pas en rester là j'étais bien décidé à fêter le 14 juillet et c'est ce que j'allais faire ! Je cherchais du regard ma paire d'escarpins qui avait malencontreusement atterri sous la table du salon. Je l'attrapais sans ménagement et sortis de ma caravane sans omettre de les garder à la main pour faire le moins de bruit possible. Je comptais les mettre à mes pieds qu'une fois la deuxième sortie du camp passée. Elle se trouvait à une vingtaine de mètres derrière les caravanes. J'avançais le plus doucement possible, essayant d'être la plus discrète possible. Je venais d'arriver à la grosse pierre qui délimitait la sortie du camp lorsque soudain j'entendis un léger sifflement. Je me retournais, me demandant de qui il pouvait bien s'agir ? Quelle ne fut pas ma surprise de voir José au beau milieu du chemin :

« Tu vas où ma fille ? »

« Je vais faire un tour en ville pour voir le feu d'artifice. »

« Je croyais que Marius t'avait demandé de ne pas sortir sans lui. »

J'étais abasourdi par ce que je venais d'entendre. Il avait eu le temps de passer voir son père pour lui demander de me surveiller ! Ma bonne vieille amie « la colère » revint au galop et je ne pus m'empêcher de lui répondre :

« José, j'ai 23 ans et je suis assez grande pour prendre mes décisions sans votre fils ! »

D'un air résigné, il me dit :

« Fais comme tu veux mais à mon avis il ne va pas être content d'apprendre que tu ne l'as pas écouté. »

En guise de réponse, je haussais les épaules, je finis de réajuster la lanière de mon escarpin et je partis en direction de la vieille ville sans me retourner. Ce soir-là, la ville était en fête. Les gens dansaient et buvaient. La gaieté et la bonne humeur s'invitaient à chaque coin de rue. Je m'installais à l'une des terrasses bondées comptant bien profiter de ma soirée et boire jusqu'à tout oublier.

Je ne me rappelle plus combien verres j'ai pu avaler cette nuit-là ni combien d'heures j'ai passées debout à danser et m'amuser. Mais une chose est certaine, la souffrance de mes pieds coincés dans mes chaussures fut la seule raison qui me décida à rentrer ! Je ne m'attarderais pas non plus sur mon mal de tête ni l'envie de vomir qui confirmait mon état d'ivresse bien avancé. La seule chose en revanche dont je me souvienne c'est que j'eus bien du mal à retrouver le chemin du retour.

Ce qui me réveilla le lendemain matin ne fut ni les rayons du soleil ni les bruits des enfants jouant autour des caravanes comme la plupart du temps mais bel et bien les cris de rage de Marius entrant dans mon camping. Me réveillant en sursaut j'eus bien du mal à comprendre où je me trouvais mais surtout à savoir qui pouvait bien hurler de la sorte ! J'ouvris difficilement les yeux et réalisai que j'étais allongée sur mon lit, encore tout habillée. Voulant alors lever la tête pour mieux comprendre ce qui se passait autour de moi, il me sembla que celle-ci allait exploser. J'essayais alors de me mettre sur le côté mais aussitôt des relents d'alcool remontèrent, me donnant la nausée. Voilà le tableau idéal que pouvait donner une personne se réveillant le lendemain d'une beuverie ce qui bien sûr avait mis hors de lui Marius :

« Non seulement tu n'écoutes rien et en plus tu t'es mise dans un état minable ! Je t'interdis de sortir quand je ne suis pas avec toi, tu entends ? »

Je me bouchais alors les oreilles ne supportant plus ces cris qui décuplaient mon mal de crâne. Ce qui ne fit malheureusement que raviver sa colère :

« Je vais tout casser jusqu'à ce que tu comprennes que lorsque je te dis que tu ne dois pas sortir tu ne sors pas ! »

Et joignant les gestes à la parole, une volée de coups de pied et de coups de poing s'abattit sur tout ce qui se trouvait sur son passage. Étrangement, malgré la violence de la scène, je ne me rappelle pas avoir eu peur. J'étais tellement concentrée sur ma tête qui me faisait horriblement souffrir que je voulais juste ne plus rien entendre. J'attrapais mon oreiller et m'en servais pour essayer d'étouffer au mieux ce vacarme infernal. Cela eut pour effet, malheureusement, d'accroître encore une fois la colère de Marius. Soudain, un bruit fracassant me fit sursauter. J'ouvris les yeux et, me rehaussant bon an mal an, je m'aperçus complètement ahuri que la porte de ma salle de bain était en partie éventrée. J'étais sidérée par le fait qu'il puisse décupler une telle violence ! Je me rallongeais aussitôt incapable d'avoir la moindre réaction tant l'écho de sa voix tambourinait dans mon crâne. Tout d'un coup il me sembla entendre une voix autre que la sienne qui le somma d'arrêter immédiatement. Le ton était ferme et autoritaire. Surprise je tournais doucement la tête et eu juste le temps de voir son père entrer l'attraper par le bras et le faire sortir sans ménagement. À ma grande surprise, Jane se trouvait dans l'encadrement de ce qui restait de ma porte ! Elle entra et vint s'asseoir sur le bord de mon lit. Aussi doucement que possible, elle me passa la main dans les cheveux, elle me dit en chuchotant :

« Essaie de te lever et viens avec moi le temps qu'il se calme. »

Après un effort surhumain, je la suivais, n'ayant ni l'envie ni la force de résister. J'eus bien du mal à me traîner jusque chez elle. Je m'allongeais aussitôt sur l'un de ses canapés ne supportant pas la position verticale ! Sans un mot elle me prépara un café aussi noir que le regard de Marius que j'avais croisé auparavant. Puis elle vint s'asseoir en face de moi et poussa un long soupir :

« Tu sais ma fille je crois que de mes 5 garçons c'est celui qui a le plus hérité du caractère de son père ! Il peut être aussi bien ange que démon. Adorable comme détestable. Si j'ai un conseil à te donner, soit plus maline que lui et, tu vois, tu en feras ce que tu veux. Mais ne remonte jamais le fleuve en contresens, tu t'y épuiseras et tu finiras par te noyer. »

J'avais écouté ses paroles les yeux fermés. Sa voix douce et résignée me calma un tant soit peu. Je me redressais difficilement et lui dis :

« Je ne comprends pas sa manière de réagir ! Je ne suis pas une gamine et s'il ne me fait pas confiance, il n'a pas fini de piquer des colères car je ne compte pas me soumettre ! »

Jane me prit le visage dans ses mains et, me soulevant le menton avec douceur, elle poursuivit :

« Il a été blessé à 2 reprises par des femmes qui ont compté dans sa vie. Il est loin d'être guéri et je pense qu'il a peur d'être trahi de nouveau, d'où son manque de confiance. »

Cela ne suffit pas à calmer mon désarroi et mon incompréhension :

« Je ne lui appartiens pas. Je suis libre de penser et de décider par moi-même. Même si je tiens à lui je n'accepterais jamais qu'il dirige ma vie ! »

« Regarde-moi bien, mon fils tient à toi, ça, c'est une évidence, sinon il ne se mettrait pas dans cet état. Bien que je ne cautionne pas sa façon de faire, c'est sa manière à lui de te faire voir qu'il tient à toi. Les hommes chez nous sont fiers de leurs femmes et sont très possessifs. Ils ont le sang chaud et ne supportent pas que celles-ci ne les écoutent pas ou n'en fassent qu'à leurs têtes. Nous sommes habitués à partager leur manière de penser et lorsque nous ne sommes pas d'accord avec eux on en discute même si bien souvent je le reconnais c'est peine perdue ! »

« Jane s'il n'y a pas moyen de lui faire comprendre que ce n'est pas de cette manière qu'il gardera une femme alors c'est peine perdue ! »

« Je te dis les choses telles qu'elles sont. Pour l'instant, reste ici le temps que José revienne. Tu pourras retourner chez toi quand il aura calmé les choses. »

« Merci Jane j'ai juste envie de fermer les yeux et de ne plus les ouvrir jusqu'à ce que mon mal de crâne disparaisse. Je n'ai ni la force ni l'envie de réfléchir à quoi que ce soit pour l'instant. »

Lorsque José passa le seuil de la porte, je venais juste de finir de me rafraîchir le visage essayant de remettre un peu d'ordre dans mes pensées. Il avait ce regard dur que je commençais à bien connaître et qui annonçait souvent l'orage avant la tempête !

« Je t'avais prévenu qu'il n'allait pas être content. Même s'il n'a pas à piquer ses colères à chaque fois que les choses ne vont pas dans son sens et qu'il exagère ! Pour l'instant, je suis arrivé à le calmer. Maintenant, je pense que vous n'êtes plus des gamins et que vous feriez bien d'essayer de discuter et de mettre les choses à plat ! »

« Sincèrement, je n'ai vraiment pas envie de le voir ni de l'entendre. Je veux juste rentrer et dormir. »

« Alors un conseil ferme ta porte à clé une fois chez toi. Mais d'une manière ou d'une autre il faudra bien que vous vous expliquiez et dans le calme si vous ne voulez pas que je m'en mêle ! »

Je passais le restant de la journée au lit entre nausées, maux de tête et déprime ! Plus je me remémorais ce qui s'était passé et plus mon moral était en berne. Mon amie « la colère » rôdait dans les parages et attendait juste que la moindre étincelle jaillisse pour reprendre le dessus.

Mais je ne lui en laissai pas l'occasion car ce soir-là je pris une tout autre décision. Je décidais de rentrer à Beauduc retrouver la joie de vivre de Mathilde qui allait sans aucun doute me redonner le moral. J'avais besoin de quitter cet endroit pour pouvoir réfléchir sereinement et je ne voyais pas meilleur endroit que mon « petit cagibi » au bout du monde ! C'était décidé Je passerais mon dernier jour de repos là-bas dans le calme et loin de tout conflit. Je ne voulais pas me laisser influencer ni par les uns ni par les autres. Il allait me falloir prendre une décision à savoir si je voulais continuer cette relation ou non. Je sentais bien qu'à long terme elle serait plus néfaste que bénéfique. Mais à cette époque j'étais sous l'emprise de Marius et même si je savais que c'était peine perdue, je renonçais à l'idée de stopper net cette relation. J'avais la passion et la fougue de la jeunesse mais surtout une bonne dose d'inconscience ! Et plus les choses étaient difficiles et insurmontables, plus je m'entêtais à vouloir les surmonter. Chaque défi était un challenge et celui-là était pour le coup de taille !

Je me dépêchais de rassembler quelques affaires pour la semaine et me pressais de rejoindre ma voiture comme si j'avais peur de revenir sur ma décision mais surtout d'affronter Marius pour une explication qui risquait d'être houleuse ! Pour l'heure, je savais pertinemment que j'étais encore trop en colère pour cela. Je n'avais aucune objectivité pour entamer un quelconque dialogue. À court terme, c'était la meilleure décision pour moi.

Demain serait un autre jour et j'aurai tout le temps face à la mer de prendre le temps de réfléchir à mon avenir sereinement.

Chapitre IX

Malgré la bonne humeur de Mathilde, j'avais encore bien du mal à reprendre le dessus. Je n'avais toujours pas pris la moindre décision sur mon avenir proche et encore moins l' envie de le faire. Les jours s'écoulaient au rythme des services. Cependant, j'étais consciente qu'une fois le week-end arrivé, Marius referait surface. Même si je comptais lui expliquer ma manière de voir les choses j'étais encore très en colère face au comportement qu'il avait eu.

Entre-temps comme je me l'étais imaginé, il n'avait pas montré le bout de son nez depuis mon départ. Il me connaissait assez pour savoir qu'il valait mieux respecter mon mutisme et attendre que les choses se tassent un peu.

Cette semaine-là, les soirées flamencos étaient programmées pour le samedi et le dimanche soir, ce qui était inhabituel. Mais vu la forte demande estivale, Marc et Mireille avaient pris la décision de privilégier l'option du dimanche et garder le vendredi soir pour la clientèle locale qui préférait plus de calme. Donc je savais que Marius ne serait de retour que le samedi soir ce qui me laissait encore un peu de temps pour voir de quel côté mon cœur « allait pencher » !

De bonne mémoire, ce fut l'un des week-ends les plus chargés de tout l'été et c'est dans ce contexte tendu que je revis pour la première fois Marius depuis notre mésaventure.

Nous étions en train de souper avant le rush de la soirée lorsque la porte d'entrée s'ouvrir sur le « Holà » incontournable de Bégot, accompagné d'un sourire à la Fernandel qui vous réchauffait le cœur quoiqu'il advienne ! Surprise, je regardais la patronne d'un air interrogatif. Elle ne m'avait pas avertie qu'ils devaient arriver si tôt. Je n'avais pas prévu de repas pour eux. Vu mon air inquiet, la patronne me rassura immédiatement :

« Ne t'inquiète pas Sam, ils m'ont prévenu qu'ils préféreraient souper après leur prestation de ce soir. »

« Ça me rassure je croyais que je les avais oubliés ! »

Dans ma tête, je remerciais le Bon Dieu de ne pas avoir été obligée de partager mon repas avec Marius, tant que nous n'avions pas eu le temps de régler notre petit différend. Le groupe était au complet et lui fut le dernier à franchir le seuil du restaurant. Il jeta un regard discret à notre table, croisa mon regard d'un air persistant et nous salua à la volée d'un ton jovial :

« Salut la compagnie ! J'espère que vous êtes en forme ce soir car on va tout déchirer ! »

Il y eut des applaudissements en guise de réponse dans un brouhaha qui en disait long sur la suite des événements. Il était joyeux et je me suis surpris à penser que c'était bien dommage qu'il ne puisse pas toujours être dans cet état d'esprit.

Malgré notre différend ce soir-là, je le trouvais encore plus beau que d'habitude. Il avait troqué sa chemise arlésienne pour une rouge au liseré noir qui faisait ressortir à merveille son teint hâlé. Aussitôt dans ma tête comme un rappel à l'ordre la petite phrase de Jane me revint à l'esprit « il peut être aussi bien ange que démon adorable que détestable » c'était bien la définition parfaite de ce personnage.

Le patron leur tendit des chaises pour qu'ils viennent s'asseoir à notre table et leur commanda l'apéritif en guise de préliminaire. Mathilde s'apprêtait à se lever pour les servir lorsque je la retins, lui prétextant que je filais en cuisine et que j'allais m'occuper de leur commande en même temps. Je n'avais absolument pas envie de rester avec eux et comptais glisser un mot à Marius avant de me sauver derrière mes fourneaux. Comme un fait exprès, lorsqu'il me vit partir en direction du bar, il recula sa chaise pour se mettre un peu en retrait de la table, prit sa guitare et commença à régler ses accords. Je me dépêchais de les servir tout en omettant sciemment de lui servir le sien pour qu'il puisse venir le chercher au comptoir. Il ne lui fallut que quelques secondes pour comprendre mon manège et dans un sourire sans le moindre quiproquo dit :

« Eh bien, Sam, tu es amoureuse ou quoi ? Tu as la tête ailleurs pour oublier de me servir ! »

Tout en mettant quelques verres dans le lave-vaisselle je lui répondis :

« Non pas que je sache mais si tu as la langue aussi bien pendue que le reste tu peux venir le chercher ! »

Tout le monde se mit à rire et tout en se levant il me répondit mi-figue mi-raisin :

« Qu'est-ce que je ne ferais pas pour toi ? J'irais même décrocher la lune si tu me le demandais ! »

Arrivée au comptoir il se mit bien en face de moi et avant même que j'eus le temps de dire quoique ce soit il m'attrapa le bras et d'un ton sec enchaîna :

« Laisses ta porte ouverte ce soir je passerai te voir même s'il est 3 heures du matin tu as bien compris ?! »

Je me dégageais de son emprise et lui répondis d'un ton tout aussi sec :

« Je n'ai pas d'ordre à recevoir de ta part, en revanche, je compte bien régler les choses une bonne fois pour toutes. »

« Qu'il en soit ainsi ! »

Il fit demi-tour et tout en levant son verre fit mine de trinquer en lançant :

« À nous tous ! que la nuit soit aussi chaude qu'une nuit de féria ! »

Elle fut telle qu'il nous l'avait annoncé et lorsque je posais enfin mon tablier je ne pensais plus qu'à une seule chose allonger mes jambes ! Une fois mon souhait réalisé, je jetais un coup d'œil à ma montre. Il était plus d'une heure et demie du matin et vu l'ambiance et les tables encore bien remplies lorsque j'avais quitté mon service je ne comptais pas le voir arriver avant une bonne heure ! Je calais ma tête contre un coussin et pris enfin le temps de me demander quelle décision j'allais bien pouvoir prendre…

J'avais beau tourner et retourner la situation dans tous les sens peser le pour et le contre je savais pertinemment que la meilleure solution pour moi était de le quitter. Mais je n'eus pas l'occasion d'y réfléchir bien longtemps. J'entendis le sifflement long et si singulier qu'était celui de son arrivée. Je me redressais immédiatement me mettant instinctivement sur la défensive prête à en découdre bec et ongle.

Lorsqu'il passa la porte, la première chose que je remarquais fut l'expression de son regard qui une fois qu'on le connaissait bien vous permettait d'anticiper la suite des évènements. À ma grande surprise, il n'était pas aussi noir que l'ébène par temps de tempête mais marron foncé par temps d'accalmie. Il avait le visage d'un homme fatigué par la soirée qu'il venait de passer, chantant et dansant sans interruption pendant des heures. Il s'affala près de moi chercha ma main et fermant les yeux, il dit d'un ton exténué :

« Ça fait du bien d'être au calme. Trouve-moi quelque chose à grignoter et après on passera aux choses sérieuses. »

Comme d'habitude les choses étaient dites aussi naturellement qu'était leur manière de voir la vie. Il y avait de la lassitude dans sa voix mais surtout une douceur dont il savait si bien jouer. Il me connaissait bien et savait que c'était la seule manière de désamorcer la bombe ! Aussitôt, mon côté défensif lâcha prise. Je me levais préparer 2 cafés et trouver de quoi faire un sandwich au frigo. Je me sentais désarmée par son attitude et mon amie, la colère s'enfuit bien vite me laissant seule face à mes incertitudes ! Il avait l'art de vous manipuler sachant exploiter vos moindres faiblesses pour pouvoir reprendre la main lorsqu'il voyait que vous lui échappez. En silence, nous nous restaurions, savourant le calme avant la tempête…

« Bella, je suis désolé de m'être emporté l'autre soir, mais à chaque fois que je m'aperçois que je tiens à une femme, je ne peux pas m'empêcher de vouloir la garder pour moi seul et j'ai du mal à lui faire confiance. J'ai trop été trahi dans ma vie et pour moi, c'est une façon de me préserver. »

« Alors c'est une mauvaise manière de le faire, crois-moi. Si tu n'as pas confiance en moi, c'est inutile de discuter davantage. Je n'ai plus envie de me casser la tête ni avec toi ni avec qui que ce soit. Ou l'on tire un trait sur ce qui s'est passé et on va de l'avant ou l'on tire notre révérence et chacun reprend son chemin. »

« Je ne comprends pas ? »

« Eh bien soit de temps à autre tu me permets d'aller avec toi à tes soirées et tu me fais confiance. Soit tu es incapable de le faire et la discussion est clause. »

Se redressant d'un coup comme si sa fatigue s'était envolée par magie, il me dit d'un ton ferme et catégorique :

« Je n'ai jamais emmené qui que ce soit à mes soirées. Ni femme, ni maîtresse, ni amante ! Alors tu comprendras que ta demande est ridicule ! »

Le plus calmement possible et prenant le temps de bien peser mes mots je lui répondis :

« Prends le temps de réfléchir, Marius, mais pour moi sans ces conditions on en restera-là. »

Il me regarda droit dans les yeux et en une fraction de seconde je vis cette lueur noire passée aussi vite que l'éclair annonçant la tempête. Mais il se ressaisit, se leva et d'un ton résigné me dit :

« Je vais y réfléchir à demain soir. »

À ce moment-là, je croyais avoir la main sur mon destin en pensant qu'il refuserait ma demande, ce qui mettrait fin à notre histoire. Vu ce que je venais d'entendre, je n'imaginais même pas qu'il puisse en être autrement. Mon cœur se serra en pensant aux bons moments que nous avons passés ensemble. Mais il valait mieux qu'il en soit ainsi avant que tout cela ne tourne mal…

Mais c'était bien mal le connaître ! Sans m'en rendre compte, il avait déjà gagné la partie. Il savait très bien qu'il avait la main mise sur moi et qu'il fallait juste qu'il finisse de ferrer le poisson en simulant une soi-disant réflexion sur notre relation. Il me laissait juste l'impression d'être maître du jeu pour finir de m'appâter en beauté. Ce qu'il fit à merveille vu son expérience en la matière.

Pour l'heure, je fermais les yeux et m'endormis avec la sensation d'avoir accompli ce qui me semblait être le plus juste. Je ressentais même de la satisfaction à avoir fini la partie sur un « échec et mat ». Quelle utopie de croire qu'il en était ainsi ! Chaque fois qu'il jetait son dévolu sur une femme, elle n'avait aucune chance d'en échapper !

Le lendemain matin, je me réveillais avec cette sensation de bien-être comme si toutes les tensions de la veille s'étaient envolées d'un coup de baguette magique.

Je me dépêchais de me préparer car la journée qui s'annonçait allait être intense en vue des réservations qui été programmées. Mais malheureusement, cela ne dura pas longtemps. À chaque fois que je me laissais aller à penser à ce qui s'était passé la veille, toute mon angoisse à l'idée de l'avoir perdu ressurgissait. Je fis un effort surhumain pour ne penser qu'à mes fourneaux. Et là je compris alors que je tenais à lui bien plus que ce que je ne le croyais.

Je m'étais tellement conditionné à ne plus penser qu'à mon travail que lorsque j'entendis la voix de Bégot du fond de ma cuisine je revins à ma triste réalité. J'allais devoir écouter les explications de Marius, à savoir les raisons évoquées par lui pour ne pas avoir accepté mes conditions. Je m'avançais vers le comptoir d'un pas résolu pressée dans découdre une bonne fois pour toutes !

Il venait de s'installer au comptoir lorsque je passais derrière celui-ci :

« Salut Bella ! J'allais justement demander si tu étais dans les parages car j'ai quelque chose pour toi dans le coffre de ma voiture. »

« Eh bien, je suis là. »

Sur ces entre-faits, la patronne vint les saluer et avant qu'ils prennent leur disposition pour la soirée il se leva et continua dans sa lancée :

« Sam j'ai acheté ce que tu m'as demandé en ville si tu veux venir récupérer ton paquet, il est dans la voiture. »

« Très bien, je te suis. »

Aussitôt arrivé près de celle-ci, il me prit dans ses bras et tout en me relevant le menton pour que je puisse avoir toute son attention, il me dit :

« J'ai bien réfléchi. Je pense que si je ne tente pas le coup maintenant alors je ne le tenterais jamais. »

« Tu veux parler de quoi ? Je ne te comprends pas. »

« Eh bien tu m'as donné tes conditions pour que l'on puisse continuer ensemble non ? Donc je veux bien essayer ! Je ne te dis pas que ça va marcher mais au moins on aura tenté le coup. »

Je restais sidérée par ce que je venais d'entendre ! J'étais à mille lieues de m'attendre à ce qu'il puisse accepter mes conditions. Je m'étais fait une raison en me disant que c'était mieux ainsi ! Mais je revins vite à la réalité :

« Eh bien c'est tout l'effet que ça te fait ? »

Je sortis alors de mon mutisme, je lui dis en riant :

« Sincèrement, j'étais partie pour que l'on trinque à notre amitié sans rancune aucune mais absolument pas à l'idée que tu acceptes de continuer. »

« Il n'y a que les imbéciles qui ne changent pas d'avis ! »

« Eh bien je suis contente que tu n'en fasses pas partie. »

Sur ce, il m'embrassa et nous retournions jusqu'à l'entrée du restaurant comme si de rien n'était. J'étais loin de réaliser le tournant qu'allait nous faire prendre cette décision. Mais une chose était sûre, il venait de finir de ferrer le poisson et j'étais définitivement prise à l'appât ! Dès lors il put passer à la vitesse supérieure à savoir-faire le maximum d'efforts pour que tout se déroule au mieux dans le meilleur des mondes possible !

Lorsque quelques semaines plus tard il y eut de nouveau une soirée, je pus l'accompagner. Bien qu'il me fit un tas de recommandations, j'étais heureuse de pouvoir être parmi eux et je me pliais à celles-ci sans aucune réticence ! Malheureusement, je ne voyais pas plus loin que le bout de mon nez. Pour moi c'était tout simplement une preuve d'amour ! J'étais persuadée que tout était rentré dans l'ordre et de mon côté je fis en sorte qu'il ne trouve aucun prétexte pour se mettre en colère. Cette première sortie se déroula sans accroc et je pris plaisir à les voir dans un contexte différent.

La soirée se déroulait dans une des plus grandes manades des Saintes-Maries-de-la-Mer. Le parking était déjà quasiment complet, ce qui laissait à penser qu'un grand nombre de personnes s'étaient déplacées pour l'occasion. À l'entrée de la grande salle de réception, des hommes en costumes contrôlaient les cartons d'invitations. Nous voyant arriver, ils nous firent signe de passer par une petite porte de l'autre côté de l'entrée principale. La soirée se déroulait dans une salle immense faite de bois et de pierre apparente. Chaque pan de mur racontait le quotidien des manadiers, des taureaux et des chevaux. Partout où vous tourniez le regard, ils étaient là présents veillant sur les lieux.

Par la suite, j'ai pu l'accompagner dans toutes sortes d'endroits ,chez des personnes de toute classe sociale confondue. Des plus riches aux plus pauvres. Je me réjouissais à chaque fois qu'il m'annonçait tel ou tel week-end où il m'emmenait. Habilement, il sut me faire croire (comme si c'était un privilège) que le fait d'être avec lui ces soirs-là était une preuve de son amour. Mais ne vous y trompez pas, cela n'arrivait qu'une ou deux fois par mois alors qu'il jouait presque tous les week-ends.

Et puis, comme si c'était à mon tour de lui prouver mes sentiments, il en arriva à me demander de quitter mon emploi ! Il prétexta que le travail était beaucoup trop pénible pour ce qu'il était payé et qu'il gagnait assez bien sa vie pour que je ne sois pas obligée de travailler. Sa première tentative lui valut un refus catégorique bien qu'en grande partie ses arguments semblaient être justifiés. Mais rien qu'à l'idée, de me retrouver au camp sept jours sur sept sans travail m'angoissait au plus haut point. Cela ne l'empêcha pas de revenir à la charge à chaque fois que l'occasion se présentait c'est-à-dire lorsque j'arrivais le lundi fatiguée et devant repartir le mardi pour une nouvelle semaine de travail !

Mais cette fois-ci, je ne cédais pas et lorsqu'il comprit que je ne changerais pas d'avis, il changea de stratégie.

Pour l'heure, malgré mon seul jour de repos, je participais aux tâches quotidiennes des femmes du camp. Cela commençait par le rangement intérieur et extérieur de chaque camping dès que les hommes en avaient quitté les lieux. Chaque chose avait une place bien spécifique, tout devait être bien rangé des chambres jusqu'au salon sans que rien ne traîne. Puis chaque matin avant de vaquer à leurs occupations les hommes donnaient de l'argent à leurs épouses afin qu'elles puissent faire les courses. Bien que je faisais exception à cette règle puisque je travaillais et pour moi il était impensable que je puisse demander quoique ce soit à Marius pour me nourrir ! L'étape qui resta la plus difficile pour moi fut celle où je dus apprendre à laver mon linge à la main ! À cette époque-là, ni la mère de Marius ni une de ses belles filles avaient une machine à laver et vu la blancheur du linge qu'elles attendaient, je me dis que ce ne devait pas être si difficile ! Pourtant mon premier essai ne fut pas à la hauteur de mes espérances et l'œil implacable de Jane devant mon linge étendu confirma mes craintes. D'un air interrogatif, elle me dit en haussant les yeux au ciel :

« Est-ce que tu penses que le linge que tu viens d'étendre et blanc et bien lavé ? »

« Je ne sais pas mais c'est le mieux que je puisse faire ! »

« Tu peux tout enlever de ton étendage, je vais te montrer comment il faut faire. »

Je m'exécutais sans enthousiasme. Mes mains me faisaient souffrir vu le froid de l'eau mais surtout je me demandais comment elle pouvait faire mieux.

Le résultat fut époustouflant. Tout d'abord elle mit beaucoup moins de temps que moi à trier celui-ci le mettant dans plusieurs bassines. Puis elle m'apprit à doser le Javel pour qu'elle fasse son travail une fois un temps précis bien respecté. Puis elle le sortit le rinça et finit par le laver sans effort. Le plus surprenant dans tout cela restait le blanc éclatant de ses draps lavés ! Pour ma part, je ne me suis jamais aventuré sur ce chemin-là et trouvais le pressing du coin pleinement suffisant !

J'aimais leur faculté à faire les choses de manière si naturelle qu'il vous semblait que rien n'était compliqué.

Leur fierté ne laissait jamais les émotions prendre le dessus même lorsqu'ils y avaient des conflits au sein de la famille ou individuellement. Lorsque nous étions tous ensemble, rien ne pouvait laisser penser qu'il pouvait y avoir telle ou telle difficulté financière, ou autre problème quel qu'il soit pouvant toucher un membre du clan. Seul lorsque le patriarche (en revanche José) prenait la décision d'en parler ouvertement c'était pour trouver une solution au plus vite et aider celui ou celle qui en avait besoin. Cela me rappelle une anecdote qui me donna une belle leçon de vie. Chacun en jugera à sa convenance.

C'était un soir d'automne et comme la plupart du temps nous mangions tous ensemble. Je me souviens qu'il faisait particulièrement froid. La brise n'avait cessé de souffler toute la journée et pour l'occasion nous mangions tous chez Jane. Elle avait fait un ragoût et comme à son habitude, servait chacun d'entre nous, assiette par assiette, lorsqu'un fait inhabituel se produisit. Une fois servi, son fils aîné passa son assiette à sa femme, prétextant qu'il n'avait pas faim. Jusque-là, rien de bien étrange, mais lorsque celle de Marius arriva dans ses mains, il en fit de même et me la passa. Je le regardais d'un air intrigué :

« Pourquoi tu ne veux pas manger ? »

« J'ai pas faim. Avec Péli (qui était le surnom de son frère), on a mangé un bout dehors. »

Je ne me posais alors pas plus de questions et mangeais mon ragoût sans plus attendre. Puis, à la fin du repas, débarrassant les couverts, je m'aperçus que le père de Marius en avait fait autant avec sa femme. Là, intriguée, j'essayais alors de me souvenir des paroles de Marius me disant qu'ils avaient mangé dehors. Il n'avait pas mentionné que son père était avec eux ! Et là, d'un coup l'impensable me traversa l'esprit : est ce qu'il y avait assez à manger pour tout le monde ? Je me remémorais alors la scène du repas et, comme une évidence, je compris alors qu'ils avaient sacrifié leur repas pour nous ! Un sentiment de culpabilité m'envahit, tant j'avais honte de ne pas m'en être aperçu avant ! Je me retournais cherchant Marius du regard mais plus un d'entre eux n'étaient là. Ils ne restaient que les femmes finissant de débarrasser la table comme si de rien n'était. Je me dépêchais de faire la vaisselle hors du camping voulant rejoindre Marius au plus vite et en avoir le cœur net.

Dans la pénombre je le cherchais du regard car ne voyant pas de lumière dans notre camping je savais qu'il n'était pas encore rentré. Au bout de quelques minutes, je le vis avec son père et son frère discuter près de leurs voitures. Ne voulant pas les déranger, je leur dis bonsoir tout en passant devant eux pour rentrer. Et là je vis furtivement qu'ils avaient tous les 3 un bout de pain qu'ils finissaient de se partager. Mes craintes étaient confirmées. Je me sentis alors aussi coupable qu'une personne venant d'être attrapée en plein délit !

Comment cela avait-il pu m'échapper ? J'attendis alors avec impatience que Marius rentre pour me donner des explications. Lorsqu'il arriva enfin, je fis mine de poser mon livre dissimulant au mieux mon impatience. J'avais appris avec le temps à ne jamais brusquer les choses car c'était la meilleure manière pour qu'il se mette en colère ou bien qu'il rebrousse chemin sans dire un mot. Mais c'était sans compter sur la faculté qu'il avait à ressentir le moindre changement même imperceptible qui pouvait trahir mon comportement.

« Eh bien, je suppose que si tu n'es pas encore couché c'est qu'il y a quelque chose qui te contrarie ? À moins que tu veuilles me parler d'un problème ? Car je vois bien ton pli entre les sourcils qui te trahit à chaque fois qu'il y a quelque chose qui ne va pas ! »

Il ne me restait plus qu'à aborder le sujet en faisant bien attention à ne pas le froisser…

« Voilà, ce soir, lors du souper, c'est la première fois que je vous ai vu vous comportez d'une manière étrange en refusant de manger prétextant que vous l'avez déjà fait dehors ! C'est impensable et encore moins lorsque le souper doit se faire chez tes parents… »

Et avant même qu'il ne me réponde, je le fis à sa place espérant de tout cœur me tromper :

« Ne me dis pas que c'est parce qu'il n'y en avait pas assez pour tout le monde ! »

D'un léger sourire comme s'il avouait une faute il me dit :

« J'avais pourtant donné de l'argent à ma mère pour aller chercher de la viande et ce qu'il fallait pour ce soir, mais elle l'a donné à l'un de mes frères qui en avait besoin et mon père ne touche pas l'argent de ses meubles avant la fin de la semaine. »

« Pourquoi tu ne m'en as pas parlé ? »

« Tu me fais plaisir à chaque fois que je te le demande, c'est largement suffisant. Pour le reste, on se débrouille ».

« Ce sont deux choses différentes. Là, ça ne regarde que mon budget et s'il y a besoin d'argent pour manger, c'est autre chose. »

Il savait profiter de l'argent facile. Telle maîtresse ou autre cédait à ses demandes soit en lui procurant de la liquidité soit en cadeaux allant du plus raisonnable au plus excessif. Il savait entre autres être généreux et en faire profiter sa famille à chaque fois que l'occasion se présentait. La seule chose qui me différencie des autres était que je vivais avec lui et sa marge de conduite avec moi était différente. Il ne me demandait jamais d'argent pour ne pas éveiller mes soupçons, en revanche, il arrivait toujours subtilement à faire en sorte que je lui achète tout ce qui pouvait lui faire plaisir !

Mais ce soir-là je n'avais pu faire autrement que d'assister à la triste réalité de leur quotidien. À savoir que chaque membre de la famille se débrouille pour ramener de l'argent au sein de celle-ci pour subvenir aux besoins primaires. Seul José avec la vente de ses meubles assurait une rentrée d'argent plus ou moins régulière. Pour ce qui est des autres membres de la famille à savoir ses frères, chacun donnait ce qu'il pouvait quand il pouvait !

Mais le paradoxe entre le comportement de Marius avec moi et celui de ses parents est que malgré tout cela je faisais partie intégrante de leur famille pour le meilleur comme pour le pire. Comme tout un chacun dès lors j'apportais mon aide pour que chaque jour nous puissions avoir de quoi manger ! Je me rappelle que nous partions des journées entières avec l'un de ses frères couper de la ferraille abandonnée sur des chantiers. Récupérer du zinc, de l'aluminium ou tout autre matériau qui pouvaient nous rapporter de l'argent. Rien n'était laissé au hasard. Souvent, nous récupérions un tas de petits électroménagers aux abords des containers à poubelle que les gens laissaient volontairement. Les mains habiles de l'un de ses frères faisaient des miracles lorsqu'il s'agissait de remettre en état télévision, radio ou tout autre objet qui pouvaient avoir une seconde vie et que nous revendions sur l'un des plus grands marchés aux puces de la région, à savoir celui de Nîmes. Marius ne participait jamais à nos sorties prétextant qu'il avait bien assez à faire entre ses soirées et le reste…

Au fil du temps étrangement je pris plaisir à vivre de cette manière. Je n'avais de compte à rendre à personne, travaillant au gré de mes envies, tenue par la seule obligation de gagner de quoi nous nourrir quotidiennement. Je vins à ne plus travailler pour tel ou tel restaurateur voulant de nouveau être mon propre patron !

Chapitre X

Peu à peu, je m'aperçus que Marius passait de plus en plus de temps avec moi, allant même jusqu'à vouloir trouver un job qui nous permettrait de bosser ensemble. Ce qui était de sa part assez exceptionnel pour être souligné. Il se prenait peu à peu à son propre jeu s'attachant un peu plus à moi chaque jour ! De mon côté, après avoir fait l'autruche pendant des mois, je consentis enfin à voir la réalité en face. Je m'étais résignée à accepter ce qu'il faisait en dehors du camp et avec qui il le faisait. Je me voilais la face me disant que c'était pour améliorer notre quotidien. J'avais le privilège de vivre avec lui, c'était le plus important à mes yeux. En revanche, comme pour bien me faire comprendre que j'étais privilégié, il ne manquait jamais de me couvrir de bijoux et de cadeaux plus beaux les uns que les autres. Je faisais partie intégrante de leur communauté et me laissais vivre à leur rythme. Pourtant chaque jour avait son lot de surprises tant notre vie dépendait des aléas de chacun. Je reviendrais donc sur une anecdote qui en est le parfait exemple.

Nous étions en plein mois d'août et les nuits étaient de plus en plus chaudes. Jane et son mari ne se servaient alors plus que de leur camping la journée. Le soir venu ils prenaient leur quartier dans la partie inférieure de la boucherie désaffectée où Jane avait aménagé sa chambre provisoire ainsi qu'un coin cuisine où nous prenions souvent nos repas tous ensemble. Ce soir-là, un cousin de José était venu leur rendre visite et, comme à chaque fois, le souper fut copieux et bien arrosé ! Une fois celui-ci fini, ces messieurs se sentant « le vent en poupe » ne comptaient pas en rester là. Ils décidèrent de partir faire la tournée des bars pour se remémorer le bon vieux temps et retrouver les copains avec qui ils jouaient souvent au poker. De ce fait, nous savions alors qu'ils ne rentreraient qu'à l'aube. Nous restions donc avec sa mère pour la nuit, dormant sur le canapé qui faisait clic-clac.

Le lendemain matin, c'est l'odeur du café frais qui me réveilla. J'ouvris les yeux et vis Jane qui était en train de boire le sien. Je me levais et vins lui tenir compagnie. Pour moi, c'était le meilleur moment de la journée, pas besoin de parler juste d'apprécier l'instant. Soudain, on entendit des bruits de sabots comme si un cheval se trouvait devant la porte d'entrée. Surprises, nous nous levions en même temps pour voir ce qui se passait. Nous restions stupéfaites devant la scène qui se déroulait devant nos yeux ! José et son cousin se débattaient tant bien que mal avec un magnifique étalon noir qu'ils essayaient d'attacher, évitant coups de sabot et ruades ! Après 10 bonnes minutes d'efforts, ils arrivèrent à le calmer et lui amenèrent de l'eau fraîche en guise de bienvenu. Il était majestueux avec une tache blanche juste au milieu du front qui dénotait avec le noir éclatant de sa robe ! Fières d'eux mais pas moins essoufflés par leurs efforts, ils rigolèrent de voir l'effet de surprise qu'ils avaient produit. La moitié du camp était attroupé ! Une fois le calme revenu, José nous explique qu'il l'avait gagné au poker ! Je puis vous assurer qu'il ne le garda pas longtemps, juste le temps de trouver le client idéal. Ce qu'il fit en un tour de main, vu le carnet d'adresses bien rempli qu'il avait. Lorsque l'affaire fut conclue le soir même, il fit le tour de toute la famille et nous demanda de nous tenir prêts à partir pour 19 h. Comme d'habitude, personne ne posa de question et le soir venu nous étions une bonne vingtaine de personnes attendant devant son camping la suite des évènements. Il voulait que nous fêtions l'affaire en or qu'il venait de faire en nous invitant tous aux Saintes-Maries-de-la-Mer pour une méga bouillabaisse dans un des plus grands restaurants du bord de mer ! Voilà c'était José et son côté bon cœur. Rien ne le rendait plus heureux que de nous voir réunis le cœur en fête. Ce soir-là nous ne sommes pas passés inaperçus. Nous occupions la terrasse du restaurant dans son intégralité et la soirée se termina dans les chants et les danses tsiganes jusqu'au lever du jour.

Mais revenons-en à nous. Plus le temps passait, plus notre relation devenait sérieuse. Lui de son côté intensifiait ses sorties profitant de cette manne touristique féminine qu'occasionnent les mois d'été et qui lui rapportait énormément d'argent. Moi je gérais notre commerce ambulant. Nous étions devenus camelots en sous-vêtements jonglant entre les marchés et les braderies de la région. Au fil du temps, je m'aperçus que le sentiment que je ressentais pour lui ne me permettait plus d'accepter que je ne sois plus la seule et unique femme de sa vie. Dès lors, je pris du recul en réfléchissant à ce mode de vie que je m'étais imposé par amour ! Plus le temps passé et plus je souffrais du fait qu'il ne voulait en rien changer notre manière de vivre en prétextant qu'il savait très bien faire la différence entre les autres femmes et moi. Je n'arrivais plus à faire comme si de rien était. Dès lors, j'ai pris la décision de reprendre ma vie en main. J'avais besoin de retrouver mes marques, mon mode de vie antérieur pour pouvoir de nouveau raisonner d'une manière plus commune. Je savais que c'était pour moi la seule manière d'échapper à son emprise. Pourtant c'était loin d'être gagné.

C'est dans cet état d'esprit qu'à la fin de l'été je lui annonçais que j'avais trouvé un petit studio dans la vieille ville et que je comptais partir m'y installer seule. Je passerais mes moments de doutes, ma difficulté à résister, à quitter cette vie de bohème, sans parler des tentatives de Marius à vouloir me faire changer d'avis. Mais je tins bon et déménageais dans le seul but de pouvoir retrouver mon indépendance. Je laissais mon camping chez eux, c'était ma façon à moi d'être encore avec eux sans l'être... Marius venait régulièrement me rejoindre, faisant comme si rien n'avait changé entre nous. J'intensifiais le nombre de braderies et de foires dans toute la région PACA afin d'être le moins possible disponible pour lui. Mais cela ne suffit pas à briser ce lien invisible qui nous unissait. Des mois durant, notre vie ne fût que rupture, réconciliation, amour, haine, compassion et déraison !

Jusqu'au jour où je compris que la seule manière de lui échapper c'était de partir le plus loin possible. Je décidais donc de rejoindre mes parents qui séjournaient dans leur appartement saisonnier à Hyères. Mais je fus vite rattrapée par la ténacité de Marius à me retrouver. Cela nous replongea dans le tourbillon sulfureux d'une passion incontrôlée que seule la jeunesse est capable de vous donner. Il s'en suivit un nouveau départ loin de lui très loin lorsque je m'aperçus que j'attendais un enfant de lui. Mais notre destinée en avait décidé autrement scellant notre avenir encore pour longtemps…

Épilogue

Je clôturerai ce chapitre de ma vie avec humilité et bienveillance. Ils m'ont appris à vivre différemment avec des valeurs que seul peut vous apportez ce peuple aux coutumes ancestrales. À savoir en priorité la famille et l'amour qu'elle lui apporte envers et contre tout ! À son hospitalité qui va à l'encontre de toutes les différences que l'on s'impose à travers nos religions, notre mode de vie ou notre couleur… Merci à vous tous !

Imprimé en Allemagne
Achevé d'imprimer en juin 2023
Dépôt légal : juin 2023

Pour

Le Lys Bleu Éditions
40, rue du Louvre
75001 Paris

www.ingramcontent.com/pod-product-compliance
Lightning Source LLC
LaVergne TN
LVHW041059150826
845673LV00007B/1842